Es...
emocionalmente sana
Día a Día

Los Cursos sobre el Discipulado de Espiritualidad emocionalmente sana (ES)

El Curso Espiritualidad emocionalmente sana (ES)

Espiritualidad emocionalmente sana

Espiritualidad emocionalmente sana Guía de estudio

Espiritualidad emocionalmente sana Día a Día

Espiritualidad emocionalmente sana DVD

El Curso Relaciones emocionalmente sanas (ES)

Relaciones emocionalmente sanas Día a Día

Relaciones emocionalmente sanas Guía de estudio

Relaciones emocionalmente sanas DVD

Otros recursos de Peter y/o Geri Scazzero

Mujer emocionalmente sana

El líder emocionalmente sano

Una iglesia emocionalmente sana

Espiritualidad
emocionalmente sana
Día a Día

UN PEREGRINAR DE 40 DÍAS
con el OFICIO DIARIO

Peter Scazzero

Vida

La misión de Editorial Vida es ser la compañía líder en satisfacer las necesidades de las personas con recursos cuyo contenido glorifique al Señor Jesucristo y promueva principios bíblicos.

ESPIRITUALIDAD EMOCIONALMENTE SANA DÍA A DÍA
Edición en español publicada por
Editorial Vida – 2008, 2015, 2020
Miami, Florida

© **2015 por Peter Scazzero**

Este título también está disponible en formato electrónico.

Originally published in the U.S.A. under the title:
 Emotionally Healthy Spirituality Day by Day
 Copyright ©2008, 2014 by Peter Scazzero
Published by permission of Zondervan, Grand Rapids, Michigan 49530
All rights reserved. Further reproduction or distribution is prohibited.

Algunos materiales han sido adaptados de *Espiritualidad emocionalmente sana* de Peter Scazzero (Grand Rapids: Zondervan, 2006, 2017). Todos los derechos reservados. Utilizado por permiso.

A menos que se indique lo contrario, todos los textos bíblicos han sido tomados de La Santa Biblia, Nueva Versión Internacional® NVI® © 1999 por Biblica, Inc.® Usados con permiso. Todos los derechos reservados mundialmente.

Algún material ha sido adoptado de *Espiritualidad emocionalmente sana* por Peter Scazzero (Miami: Vida, 2015). Todos los derechos reservados. Usado con permiso.

Los enlaces de la Internet (sitios web, blog, etc.) y números de teléfono en este libro se ofrecen solo como un recurso. De ninguna manera representan ni implican aprobación o apoyo de parte de Editorial Vida, ni responde la editorial por el contenido de estos sitios web ni números durante la vida de este libro.

Esta publicación no podrá ser reproducida, grabada o transmitida de una manera completa o parcial, en ningún formato o a través de ninguna forma electrónica, fotocopia u otro medio, excepto como citas breves, sin el consentimiento previo de la editorial.

El autor está representado por Christopher Ferebee, abogado y agente literario, www.christopherferebee.com.

Editora en jefe: *Graciela Lelli*
Traducción: *Andrés Carrodeguas*
Adaptación del diseño al español: *Grupo Nivel Uno, Inc.*

ISBN: 978-0-8297-6367-6
CATEGORÍA: Religión / Vida Cristiana / Devocional

IMPRESO EN ESTADOS UNIDOS DE AMÉRICA

HB 05.05.2020

Contenido

Reconocimientos

Le quiero dar las gracias a Geri, mi esposa, mi mejor amiga con quien comparto mi jornada. Ella ha pasado incalculables horas meditando en oración y experimentando con estos Oficios Diarios en diferentes contextos. Su trabajo para crear las preguntas que llevan a la reflexión lleva el propósito de tocar nuestra alma y llevarnos a una experiencia personal con Dios. ¡Qué gran don!

Gracias.

Reconocimientos

Una invitación a una unión de amor

La mayoría de los cristianos de hoy están batallando espiritualmente; en especial cuando se trata de pasar tiempo con Dios. Tal vez tú seas uno de ellos. Si es así, podría ayudarte saber que la lucha es real y que no estás solo.

Durante más de treinta años como pastor, he encontrado esta lucha prácticamente en todas las personas y en cada rincón de la iglesia, desde personas de nuestra propia congregación internacional en Queens, Nueva York, hasta líderes cristianos en una variedad de situaciones y denominaciones en todo el mundo. Si me pidieras que resumiera lo que he observado sobre la condición espiritual de creyentes en la actualidad, esto es lo que diría. Estamos...

- sintiéndonos atascados en nuestro peregrinar espiritual con Cristo
- viviendo de la espiritualidad de otras personas;
- dispersados, fragmentados y desenfocados;
- física, espiritual y emocionalmente cansados;
- existiendo con una simple espiritualidad que tiene un par de centímetros de profundidad;
- orando y teniendo comunión con Dios con muy poca frecuencia.
- ocupados y desinteresados en la búsqueda de Jesús, y
- luchando por dejar de «vivir corriendo».

9

¿Cuál es la conclusión? Muchísimas personas tenemos una relación con Jesús que necesita muchas mejoras. Hablamos *con* Dios, o tal vez *a* Dios, pero en realidad no lo escuchamos mucho. Y eso es nada menos que una crisis espiritual global, ¡especialmente cuando consideramos que Dios quiere que su amor llegue al mundo a través de nosotros!

El pronóstico puede parecer sombrío. Pero ¿qué tal si te dijera que aunque el problema es real y omnipresente, está lejos de ser una causa perdida? *Hay* una forma de vivir una vida relajada, tranquila y contenta en Jesús en medio de las presiones y dificultades de la vida. *Hay* una forma de madurar en adultez espiritual anclado en el amor de Dios. *Hay* una forma de ser considerado en una conversión y tratar de escuchar la voz de Dios cuando algo nos causa una reacción emocional negativa. *Hay* una manera de rendirse al amor y a la voluntad de Dios de una manera consistente, aunque sea difícil. *Hay* una manera de ofrecer nuestras vidas al servicio de los demás sin sentirnos siempre agotados.

¿Cómo? La respuesta está en reorganizar intencionalmente nuestros días para integrar la práctica cristiana de permanecer inmóvil y silencioso en la presencia de Dios.

UNA ANTIGUA Y REVOLUCIONARIA DISCIPLINA ESPIRITUAL

La razón de este libro es darte a conocer una disciplina espiritual que es antigua y también revolucionaria. Se llama «El Oficio Diario».[1] El Oficio Diario ofrece una forma estructurada de pasar tiempo con Dios todos los días, pero difiere de aquello que tendemos a pensar como «tiempo de quietud» o «devociones». Lo normal es que el tiempo de quietud y las devociones tengan lugar una vez al día, por la mañana, y tengan sobre todo el propósito de «llenarme para el día», o «interceder por las necesidades que me rodean». El Oficio Diario normalmente tiene lugar al menos dos veces al día, y no es tanto un acudir a Dios para *conseguir* algo; su propósito es estar con Dios, tener comunión *con* él.

La meta del Oficio Diario es que le prestemos atención a Dios a lo largo de todo el día en medio de nuestras actividades. Este es el gran reto que todos nosotros tenemos por delante. Tanto la enorme presión que ejerce el mundo y nuestra propia voluntad tan obstinada hacen que sea extraordinariamente difícil estar constantemente conscientes de la presencia de Dios.

¿Por qué se llama el Oficio Diario? La palabra *oficio* se deriva del término latino *opus*, «obra, trabajo». Para la iglesia de los primeros tiempos, el Oficio Diario —orar en momentos determinados durante todo el día— era siempre la primera «obra de Dios» para hacer. Y nada debía interferir con esa prioridad.

Pero este hábito de orar durante unos momentos determinados del día surgió mucho antes de la iglesia primitiva. Hace ya tres mil años, el rey David practicaba unos momentos fijos de oración siete veces al día (Salmos 119:164). El profeta Daniel oraba tres veces al día (Daniel 6:10). Los judíos devotos de los tiempos de Jesús oraban en unos momentos fijos del día: en la mañana, al mediodía y por la noche. Estos momentos fijos de oración eran uno de los grandes tesoros culturales y espirituales de los israelitas, y les proporcionaban una forma práctica de mantener su vida centrada en la invitación a amar a Dios durante todo el tiempo. Aun después de la resurrección de Jesús, sus discípulos continuaron orando a ciertas horas fijas del día (Hechos 3:1; 10:2-23).

Alrededor del año 525 A. D., un buen hombre llamado Benito estructuró estos momentos de oración alrededor de ocho Oficios Diarios (incluyendo uno para los monjes en medio de la noche). La oración era el marco de referencia del día, y todo lo demás se centraba alrededor de ella. Benito escribió: «Al escuchar la señal que llama a una de las horas del Oficio Diario, el monje debe dejar de inmediato todo lo que está haciendo y acudir con la mayor rapidez posible. De hecho, no se debe preferir nada a la Obra de Dios [es decir, el Oficio Diario]».[2]

Todas estas personas —desde los antiguos israelitas hasta los discípulos del primer siglo y los primeros líderes cristianos como Benedicto— se daban cuenta de que detenerse para estar con Dios, por medio del Oficio Diario, era la clave para crear una familiaridad continua y fácil con la presencia de Dios. Y después de haber practicado el Oficio Diario durante más de catorce años, puedo afirmar que ha hecho eso por mí. Sacar con frecuencia tiempos breves para la oración de la mañana, el mediodía y la noche infunde en el resto de mis actividades del día una profunda sensación de lo sagrado... de Dios. No hay una división entre lo sagrado y lo secular.

CÓMO USAR ESTE LIBRO

Espiritualidad emocionalmente sana Día a Día le proporciona una estructura flexible a tu tiempo con Dios. Tengo la esperanza de que lo puedas adaptar a las necesidades y demandas exclusivas que tienes en este momento de tu vida. Dios nos ha diseñado a cada uno de nosotros de manera diferente. Lo que funciona para una persona no siempre funcionará para otra, y es posible que aquello que te funcionaba a ti en el pasado ya no te funcione ahora. Permite que sea la gracia, y no el legalismo, el fundamento de tu práctica.

Este libro incluye un material que te guiará a lo largo de un viaje de cuarenta días en el que orarás siguiendo el Oficio Diario. He agrupado los días alrededor de ocho temas semanales, cada uno de ellos basado en el tema general de un capítulo del libro *Espiritualidad emocionalmente sana* y el *Curso Espiritualidad emocionalmente sana* (que también incluye un DVD y una guía de estudio), los cuales proporcionan un medio para permanecer profundamente conectado con Jesús, quien nos recuerda: «Separados de mí no pueden ustedes hacer nada» (Juan 15:56). En la última página del devocional encontrarás una lista de control para mantenerte en camino a medida que avanzas en el curso. Complétalo a su debido tiempo y, cuando lo hagas, visita la página www.emocionalmentesano.org para recibir tu certificado de finalización.

Hay dos Oficios Diarios por día (uno para la mañana o el mediodía, y otro para el mediodía o la noche). Por ejemplo, puedes hacer uno en la mañana y otro al mediodía, o puedes hacer uno al mediodía y otro por la noche, antes de irte a la cama. Tú mismo escoges la duración de tus Oficios. Recuerda que la clave está en mantener constante el recuerdo de Dios; no en la cantidad de tiempo que uses. Tus pausas para estar con Dios pueden durar desde dos minutos hasta veinte, o tal vez cuarenta y cinco. Mi esposa, Geri, y yo hemos decidido tener momentos más largos con Dios en la mañana, y después otros más cortos al mediodía y por la noche. Esto depende de ti.

Cada Oficio contiene cinco elementos: silencio y quietud, las Escrituras, una lectura devocional, una pregunta para meditar, y la oración.

1. Silencio y quietud. Este es el fundamento de un Oficio Diario. Detenemos lo que estamos haciendo para volver nuestra atención al Dios viviente. Actuamos como nos indica el salmista: «Guarda silencio ante el Señor, y espera en él con paciencia» (Salmos 37:7), y también: «Quédense quietos, reconozcan que yo soy Dios» (Salmos 46:10).

Tomamos la decisión de entrar en la conciencia de la presencia de Dios y descansar allí en su amor. Solo esa decisión ya es un gran logro. En ocasiones, cuando hago una pausa para mi oración del mediodía, encuentro que paso todo ese tiempo —tanto si son cinco minutos como si son veinte— enfocando mis pensamientos para poder librarme de las tensiones y las distracciones, a fin de comenzar a descansar en el amor de Dios.

Cada Oficio comienza y termina con dos minutos de silencio y quietud. Muchas religiones tienen algún tipo de práctica del silencio, de manera que el silencio en sí no tiene nada que sea particularmente cristiano. Lo que hace único el silencio para nosotros los que seguimos a Cristo es que estamos en silencio y quietud dentro del contexto de nuestra relación con el Dios viviente. En una postura de atención y sometimiento, permitimos que él y su voluntad lleguen hasta los lugares más recónditos de nuestra vida. Esta es la esencia misma de lo que significa hallarse en una unión de amor con él.[3]

Es posible que esto te resulte difícil, sobre todo al principio. Nuestros mundos, tanto externo como interno, están repletos de ruidos y distracciones. Por esa razón, es posible que pasar un tiempo a solas con Dios sea la práctica espiritual más desafiante y menos experimentada entre los cristianos de la actualidad. Si no aprendemos a estar en quietud ante la presencia de Dios, a dejar de hablar lo suficiente y con la frecuencia necesaria para llegar a escuchar, ¿cómo podremos madurar hasta convertirnos en cristianos adultos? ¿Cómo podrá adquirir profundidad alguna nuestra relación con Dios?

Hay diversas maneras de enfrentar esta situación. Las directrices que siguen tienen el propósito de ayudarte a entrar en el silencio y la quietud:[4]

- Busca un lugar cómodo y silencioso. Respira hondo varias veces, inhalando y exhalando con lentitud. (Para más orientación sobre la práctica llamada «oración del aliento», lee el Apéndice B), páginas 177-78).

- Comienza por una oración sencilla, muchas veces de una sola palabra, que exprese que tienes una actitud receptiva ante Dios y quieres pasar tiempo con él. Podrías usar el nombre de Dios que sea tu favorito, como *Abba, Padre* o Jesús. O tal vez unas breves palabras, como *Aquí estoy, Señor*. (Muchas veces, mi esposa, Geri, no usa palabras, sino que prefiere pasar el tiempo con Jesús como lo harían dos novios, que se contentan con solo estar juntos en un rincón tranquilo. En esos momentos, ella se imagina que Dios la está rodeando con sus brazos amorosos).

- Cuando te lleguen las distracciones, y puedes estar seguro de que te llegarán, confíalas al cuidado de Dios y usa tus palabras de oración sencillas para volver a centrar tus pensamientos en él.

14

Sé generoso contigo mismo aquí, sobre todo al principio. Recuerda que esta es una práctica revolucionaria y contracultural, no un simple paseo por el prado. Cuando decidimos sentarnos en medio del silencio y la quietud, estamos decidiendo permitir que Dios esté en el centro mismo de nuestra vida. Eso significa que estamos decidiendo ceder, aunque sea por un instante, nuestro control y nuestra propia agenda.

Y eso no es poca cosa.

Si logras perseverar a través de las torpezas de los primeros tiempos —si te detienes realmente para someter tu voluntad a la voluntad de Dios— en ti se comenzará a realizar una transformación gradual. Y lentamente descubrirás que ese silencio se estará convirtiendo en una parte regular y constante de todos tus días. Descubrirás que haces una breve pausa para estar en silencio, por ejemplo, antes de echar a andar el automóvil, escribir un correo electrónico difícil, o comenzar una reunión en tu trabajo. Antes de empezar, te podría ser útil leer todo el Apéndice C: *Las diez preguntas más frecuentes sobre el silencio.*

2. Escrituras. Lo más importante que debes recordar es que «menos es más». Las lecturas bíblicas que se escogieron son intencionalmente breves. Léelas con lentitud —y si es posible, en voz alta— pronunciando con mayor intención aquellas palabras o frases que te hayan llamado más la atención. Si Dios te indica que te detengas en un versículo, hazlo. Mantente atento a lo que Dios esté haciendo en tu interior. ¡No es necesario que termines todo lo que se te facilita para cada Oficio! Permite que sea el Espíritu Santo el que te guíe.

3. Devocional. Las lecturas han sido sacadas de una amplia variedad de fuentes: escritores espirituales de la antigüedad, poetas, monjes, rabinos y escritores contemporáneos; también hay algunos escritos que son míos. Como con las Escrituras, estas selecciones se han hecho para que tú puedas leerlas con lentitud y en un ambiente de oración. Hay veces en que llego al Oficio del mediodía o la noche con tanto en la mente, que en realidad lo que decido hacer es comenzar mi tiempo de silencio con la lectura del devocional, como un medio de reorientar hacia Dios mis pensamientos. A veces, las lecturas nos hablan de manera poderosa acerca de la situación en la que nos encontramos. En otras ocasiones, vas a sentir el deseo de limitarte a echarles un vistazo, o de no leerlas. ¡De nuevo, es importante que recuerdes que la razón de ser del Oficio Diario es tener comunión con Dios, no leer todo lo que hay escrito en este!

4. Pregunta para meditar. Cada Oficio termina con una pregunta breve, pero exploratoria. Te sugerimos que escribas tus respuestas a esas preguntas en la forma de oraciones a Dios. O bien, si no te parece que una pregunta vaya a serte útil, siéntete en libertad de saltártela. Si usas esta guía repetidas veces, no te sorprendas si a lo largo del tiempo Dios te va guiando por senderos muy diferentes cada vez que reflexiones en una de esas preguntas.

5. Oración. Durante gran parte de mi vida cristiana he evitado las oraciones escritas. Sin embargo, en años más recientes he notado que pueden ser un importante suplemento para mi vida devocional. Te sugiero que ores con las palabras tal como están escritas; también te puedes limitar a usarlas como inspiración o punto de partida para tus propias oraciones. Observa que incluimos el Padrenuestro en el Apéndice A como un recurso adicional para tus momentos con Dios. A causa de su profundidad y sencillez, yo suelo orarlo todos los días como parte de mis Oficios Diarios. Te repito que uses estas oraciones solo si consideras que te son útiles.

En el Apéndice D he incluido además indicaciones sobre las Completas, que pueden constituir una oración de confianza antes de ir a dormir. Aunque esta oración se hace al final del día, a mí también me ha parecido que me ayuda a prestarle atención a Dios durante todas las horas en que estoy despierto.

PENSAMIENTOS FINALES

Cuando comiences a utilizar el Oficio Diario, te aconsejo que te permitas mucho tiempo y práctica para lograr un progreso. Pocos de nosotros tenemos ritmos que nos den vida, de manera que reorganizar nuestro día para detenernos y estar con Jesús es un cambio muy notable. Añade a esto la realidad de que hay muy poco silencio en nuestra cultura, nuestras familias, e incluso en nuestras iglesias, y ese cambio puede ser abrumador. Sin embargo, te puedo asegurar que si perseveras y le pides ayuda al Espíritu Santo, descubrirás que Dios ha estado esperando por ti. Así, lo vas a conocer de maneras que solo se pueden producir en medio del silencio (Salmos 46:10). Nuestros «músculos» para escuchar a Dios se desarrollarán con lentitud, pero lo harán. Por la gracia de Dios, tu capacidad para estar con Jesús aumentará y se extenderá. Sin embargo, lo más importante de todo es que descubrirás, junto con millones de personas más que lo han hecho a lo largo de las edades, que el amor de Dios es realmente mejor que la vida (Salmos 63:3).

EL USO DEL OFICIO DIARIO CON GRUPOS

Aunque los Oficios Diarios son escritos para personas individuales, también se pueden adaptar con facilidad a los grupos como oraciones de la mañana, el mediodía o la noche. He aquí unas cuantas indicaciones:

- Hagan que un facilitador controle el tiempo.
- Lean las Escrituras juntos y en voz alta.
- Designen a una persona que lea en voz alta el devocional y la pregunta para meditar.
- Hagan una breve pausa de cinco a diez segundos entre las distintas secciones del Oficio.
- Opción: Cuando el personal de New Life se reúne al mediodía, en lugar de leer la oración final en voz alta juntos, nos dividimos en grupos de dos o tres para interceder, y terminamos con un canto de adoración. Sean flexibles y decidan lo que funcione mejor dentro de su contexto.

El problema de
la espiritualidad
emocionalmente enferma

1

La espiritualidad emocionalmente enferma causa estragos en nuestras vidas personales e iglesias. Por ejemplo, cuando negamos el impacto que tiene el pasado en el presente, juzgamos los viajes espirituales de otras personas, o espiritualizamos el conflicto, y nos lastimamos tanto a nosotros mismos como a aquellos a nuestro alrededor. Una espiritualidad emocionalmente enferma también dificulta romper con patrones de relaciones profundamente arraigados, poco sanos, y madurar en Cristo.

El problema es doble: primero, no logramos prestar atención a lo que está pasando dentro de nosotros. Y segundo, estamos demasiado ocupados para detenernos, reducir la velocidad y estar con Dios. Como resultado, corremos el alto riesgo de permanecer atascados como infantes espirituales, y no logramos crecer como adultos espirituales/emocionales en Cristo.

Pasar tiempo con Dios cada semana a través del Oficio Diario nos ayudará a dar acceso a Jesús a lo que está profundamente debajo de la superficie de nuestras vidas y cultivar una relación profunda y personal con él. Aprender a pasar tiempo con Jesús es la forma en que Dios nos transforma para ser discípulos maduros y libres que pueden servir como regalos para el mundo.

RECURSOS ADICIONALES

Los Oficios Diarios a través de este libro fueron escritos para ser utilizados como compañeros del *Curso Espiritualidad emocionalmente sana*. Cada semana, la sesión correspondiente del curso y DVD se enumeran como recursos adicionales.

- *Espiritualidad emocionalmente sana: edición actualizada,* capítulo 1
- *Espiritualidad emocionalmente sana Guía de estudio: edición actualizada,* Sesión 1
- *Espiritualidad emocionalmente sana DVD: edición actualizada,* Sesión 1

DÍA 1: OFICIO DE LA MAÑANA Y/O DEL MEDIODÍA

Silencio y quietud ante Dios (2 minutos)

Lectura bíblica: Marcos 11:15-17

Llegaron, pues, a Jerusalén. Jesús entró en el templo y comenzó a echar de allí a los que compraban y vendían. Volcó las mesas de los que cambiaban dinero y los puestos de los que vendían palomas, y no permitía que nadie atravesara el templo llevando mercancías. También les enseñaba con estas palabras: «¿No está escrito: "Mi casa será llamada casa de oración para todas las naciones"? Pero ustedes la han convertido en "cueva de ladrones"».

Devocional

La intensa ira de Jesús y su acción de volcar las mesas que había en el atrio del templo deberían hacernos sentir que nos estamos ahogando. Él sabe que si no llegamos a Dios, perderemos unos tesoros de un valor incalculable, o quedarán oscurecidos para nosotros. Perderemos el espacio en el cual recibimos el amor infalible y el maravilloso perdón de Dios. Perderemos la perspectiva eterna sobre lo que es importante y lo que no lo es. Perderemos la compasión. Ganaremos el mundo, pero perderemos nuestra alma (Marcos 8:36-37).

Sé libre para Dios

Yo estoy necesitando
una limpieza interna
parecida a la que hizo el Salvador en el templo de Jerusalén;
un desprenderme del desastre
de lo que es secundario

> que le bloquea el camino
> a ese vacío central de máxima importancia
> que solo se puede llenar
> con la presencia de Dios.
>
> —Jean Danielou[5]

Una pregunta para meditar

¿Cómo describirías tú «qué es lo secundario» en tu vida; esa cosa que podría estar «bloqueando el camino» de tu experiencia con Dios?

Oración

Señor, ayúdame a ver lo mucho que pierdo cuando te pierdo a ti. Mi perspectiva sobre la vida y todo lo que nos da la vida se distorsiona cuando no hago espacio para ti, oscureciendo tu amor por mí. Tu amor es mejor que la vida, y tengo un verdadero anhelo por probar más ese amor. En el nombre de Jesús, amén.

Termina con un momento de silencio (2 minutos)

DÍA 1: OFICIO DEL MEDIODÍA Y/O DE LA NOCHE

Silencio y quietud ante Dios (2 minutos)

Lectura bíblica: 1 Samuel 15:22-23

Samuel respondió:

> «¿Qué le agrada más al SEÑOR:
>   que se le ofrezcan holocaustos y sacrificios,
>   o que se obedezca lo que él dice?
> El obedecer vale más que el sacrificio,
>   y el prestar atención, más que la grasa de carneros.

La rebeldía es tan grave como la adivinación,
    y la arrogancia, como el pecado de la idolatría .
Y como tú has rechazado la palabra del SEÑOR,
    él te ha rechazado como rey».

Devocional

Saúl, el primer rey de Israel, no sabía mucho acerca de guardar silencio o de escuchar a Dios. Al igual que David, era un líder militar y político bien dotado, ungido y victorioso. Sin embargo, a diferencia de David, nunca lo vemos buscando la manera de estar con Dios. En este pasaje, el profeta Samuel lo reprende por hacer muchos actos religiosos (por ejemplo, ofrecer holocaustos y sacrificios), sin detenerse lo suficiente para escuchar a Dios, y menos para hacerle caso (v. 22).

Todos debemos dedicar un tiempo a guardar silencio y contemplar; en especial, los que viven en ciudades grandes, como Londres o Nueva York, donde todo se mueve con tanta rapidez. [...] Yo siempre comienzo en silencio mi oración, porque en el silencio del corazón es donde Dios habla. Dios es el amigo del silencio: necesitamos escucharlo, porque no es lo que nosotros decimos, sino lo que él nos dice a nosotros y dice a través de nosotros, lo que importa. La oración alimenta el alma; como la sangre alimenta el cuerpo, así es la oración para el alma, y nos acerca más a Dios. También nos da un corazón limpio y puro. Un corazón limpio puede ver a Dios, puede hablar con Dios y puede ver en los demás el amor de Dios.

—La Madre Teresa[6]

Una pregunta para meditar

¿Cómo podrías crear más espacio en tu vida para el silencio, con el fin de poder escuchar a Dios?

23

Oración

Vacía mi corazón, Dios mío, hasta que esté lo suficientemente callado para escucharte hablar en medio del silencio. Ayúdame en esos momentos a detenerme para escuchar, para esperar, para estar quieto y para permitir que tu presencia me envuelva. En el nombre de Jesús, amén.

Termina con un momento de silencio (2 minutos)

DÍA 2: OFICIO DE LA MAÑANA Y/O DEL MEDIODÍA

Silencio y quietud ante Dios (2 minutos)

Lectura bíblica: Jonás 1:1-4

La palabra del Señor vino a Jonás hijo de Amitay: «Anda, ve a la gran ciudad de Nínive y proclama contra ella que su maldad ha llegado hasta mi presencia».

Jonás se fue, pero en dirección a Tarsis, para huir del Señor. Bajó a Jope, donde encontró un barco que zarpaba rumbo a Tarsis. Pagó su pasaje y se embarcó con los que iban a esa ciudad, huyendo así del Señor. Pero el Señor lanzó sobre el mar un fuerte viento, y se desencadenó una tormenta tan violenta que el barco amenazaba con hacerse pedazos.

Devocional

Jonás es el ejemplo de un profeta con un problema de espiritualidad emocionalmente enferma. Escucha y sirve a Dios, pero se niega a escuchar su llamado a amar y tener misericordia con Nínive, un poder mundial de sus días, famoso por su conducta violenta e inhumana. Jonás huye cerca de cuatro mil kilómetros en la dirección opuesta, rumbo a Tarsis, en lo que hoy es España.

¿Y por qué Tarsis? En primer lugar, era mucho más emocionante que Nínive. Esta era una ciudad antigua que representaba una historia de ruinas e infelicidad. Ir a Nínive a predicar no era una encomienda que deseara recibir ningún profeta hebreo con buenas referencias. Pero Tarsis era algo distinto. Tarsis era un lugar exótico. Tarsis era una aventura... En las menciones que se hacen de ella en la Biblia, era un «puerto lejano y muchas veces idealizado». En 1 Reyes 10:22 se nos informa que la flota de naves que tenía Salomón en Tarsis traían oro, plata, marfil, monos y pavos reales. [...] En Tarsis podemos desarrollar una carrera religiosa sin tener que tratar con Dios.

—Eugene Peterson[7]

Sin embargo, cuando Jonás huye, Dios envía una gran tormenta. Jonás pierde el control de su vida y de su destino. Lo tiran al agua por la borda y se lo traga un gran pez. En el vientre de ese pez es donde Jonás comienza a luchar con Dios en oración.

Una pregunta para meditar

¿Qué tormenta interna o externa te podría estar enviando Dios a tu vida, como señal de que hay algo que espiritualmente no va bien?

Oración

Señor, que en mi vida se haga tu voluntad, y no la mía. Tú sabes lo fácil que me es llamarme cristiano, y después estar tan ocupado, que me olvide de ti y de lo que tú quieres de mí. Perdóname por este pecado. Ayúdame a escucharte y dame el valor necesario para someterme fielmente a ti. En el nombre de Jesús, amén.

Termina con un momento de silencio (2 minutos)

DÍA 2: OFICIO DEL MEDIODÍA Y/O DE LA NOCHE

Silencio y quietud ante Dios (2 minutos)

Lectura bíblica: 1 Juan 2:15-17

> No amen al mundo ni nada de lo que hay en él. Si alguien ama al mundo, no tiene el amor del Padre. Porque nada de lo que hay en el mundo —los malos deseos del cuerpo, la codicia de los ojos y la arrogancia de la vida— proviene del Padre sino del mundo. El mundo se acaba con sus malos deseos, pero el que hace la voluntad de Dios permanece para siempre.

Devocional

A fines del tercer siglo de la era cristiana se produjo un fenómeno extraordinario en los desiertos de Egipto. Hubo hombres y mujeres cristianos que comenzaron a marcharse de las ciudades y los poblados para buscar a Dios en el desierto. Pudieron discernir lo fácil que era perder el alma en los enredos y las manipulaciones que se producen en la sociedad, de manera que buscaron a Dios de una manera radical, mudándose al desierto. Se les conoce como los «Padres del desierto».

> Consideraban la sociedad [...] como un naufragio del cual cada persona tenía que apartarse nadando para salvar su vida. [...] Eran hombres que creían que dejarse llevar por la corriente, aceptando pasivamente los principios y los valores de lo que ellos conocían como sociedad, era pura y sencillamente un desastre. [...] Sabían que les sería imposible hacerles algún bien a los demás mientras se estuvieran dejando llevar por el naufragio. Pero una vez que pusieron un pie en tierra sólida, las cosas fueron diferentes.

Entonces no solo tuvieron el poder, sino incluso la obligación de reconciliar al mundo y llevarlo a un lugar seguro.

—Thomas Merton[8]

Una pregunta para meditar

¿Cómo entiendes hoy estas palabras del apóstol Juan: «No améis al mundo, ni las cosas que están en el mundo» (1 Juan 2:15)?

Oración

Señor, para poder estar contigo, necesito que me enseñes a «crear un desierto» en medio de mi vida tan llena y activa. Purifícame de las presiones, las ilusiones y los pretextos a los que me tengo que enfrentar hoy, para que mi vida pueda servir como un regalo tuyo para aquellos que me rodean. En el nombre de Jesús, amén.

Termina con un momento de silencio (2 minutos)

DÍA 3: OFICIO DE LA MAÑANA Y/O DEL MEDIODÍA

Silencio y quietud ante Dios (2 minutos)

Lectura bíblica: Génesis 32:22-26, 30

Aquella misma noche Jacob se levantó, tomó a sus dos esposas, a sus dos esclavas y a sus once hijos, y cruzó el vado del río Jaboc. Una vez que lo habían cruzado, hizo pasar también todas sus posesiones, quedándose solo. Entonces un hombre luchó con él hasta el amanecer. Cuando ese hombre se dio cuenta de que no podía vencer a Jacob, lo tocó en la coyuntura de la cadera, y ésta se le dislocó mientras luchaban. Entonces el hombre le dijo:

—¡Suéltame, que ya está por amanecer!

—¡No te soltaré hasta que me bendigas! —respondió Jacob.

Jacob llamó a ese lugar Penuel, porque dijo: «He visto a Dios cara a cara, y todavía sigo con vida».

Devocional

El nombre de Jacob puede significar «tramposo» o «el que agarra», y su vida demostró que tal nombre estaba bien justificado. Era manipulador, engañador y agresivo; no es de pensar que alguien lo quisiera nominar para un puesto de liderazgo en su iglesia. Jacob era una persona con serios defectos, que creció en una familia disfuncional. Parecía estar siempre metiéndose en un problema, saliendo de él, o a punto de buscarse otro problema más.[9]

Su historia es universal, por lo personal que es. A lo largo de toda su vida, Jacob fue un hombre obstinado que no estaba dispuesto a confiar en nadie... ni siquiera en Dios. Fue en el vado de Jaboc donde por fin Dios lo quebrantó y tuvo una transformación radical. Recibió un nuevo nombre y una nueva libertad para vivir como Dios quería desde el principio. Esto le costó una cojera permanente que hizo de él un hombre indefenso y necesitado de aferrarse a Dios. Y a partir de esta posición débil de dependencia, Jacob se convirtió en una nación (Israel) que bendeciría al mundo entero.

De igual forma, a veces Dios nos hiere en nuestro caminar con él, a fin de sacarnos de una espiritualidad enferma de «punta de iceberg» a otra que nos transforme realmente desde dentro hacia fuera. Cuando recibamos esas heridas, las podemos negar, cubrir, enojarnos con Dios, culpar a otros, o como Jacob, nos aferramos desesperadamente a Dios.

Una pregunta para meditar

¿De qué manera o maneras ha «descoyuntado» Dios tu vida o tus planes, para que dependas de él?

Oración

Padre, me identifico con Jacob en lo de luchar, manipular, hacer trampas, negar y decirles medias verdades a aquellos que me rodean, para salirme con la mía. A veces, yo también me encuentro sirviéndote con la finalidad de conseguir algo de ti. Señor, te invito a enseñarme a vivir dependiente de ti. Ayúdame a descansar y permanecer quieto, solamente en tu amor. En el nombre de Jesús, amén.

Termina con un momento de silencio (2 minutos)

DÍA 3: OFICIO DEL MEDIODÍA Y/O DE LA NOCHE

Silencio y quietud ante Dios (2 minutos)

Lectura bíblica: Mateo 16:21-23

Desde entonces comenzó Jesús a advertir a sus discípulos que tenía que ir a Jerusalén y sufrir muchas cosas a manos de los ancianos, de los jefes de los sacerdotes y de los maestros de la ley, y que era necesario que lo mataran y que al tercer día resucitara. Pedro lo llevó aparte y comenzó a reprenderlo:

—¡De ninguna manera, Señor! ¡Esto no te sucederá jamás!

Jesús se volvió y le dijo a Pedro:

—¡Aléjate de mí, Satanás! Quieres hacerme tropezar; no piensas en las cosas de Dios sino en las de los hombres.

Devocional

El apóstol Pedro tenía pasión por Jesús en su corazón, pero también era impulsivo, orgulloso, inmaduro e inconstante. Su impulsividad y su obstinación se evidencian a lo largo de los Evangelios.

Sin embargo, Jesús lo guio pacientemente hacia la crucifixión de su propia voluntad, para que pudiera experimentar una vida de resurrección y un poder genuinos.

Cuando estoy tranquilo, la compulsión (esa agitación de la vida a la cual Hilario de Poitiers llamaba «una blasfema ansiedad por hacer la obra de Dios») da lugar a la compunción (la conciencia que se siente perforada o punzada). Es decir, que Dios puede penetrar las numerosas capas con las que yo me protejo, para que yo pueda escuchar su Palabra y esté listo para prestarle atención... Cuando me estoy moviendo continuamente, puedo confundir el fluir de mi adrenalina con el mover del Espíritu Santo; puedo vivir en la ilusión de que al fin y al cabo, soy yo el que tengo el control de mi destino y de mis asuntos diarios... El filósofo y matemático francés Blas Pascal hizo notar que la mayor parte de nuestros problemas humanos aparecen porque no nos sabemos sentar tranquilos en nuestro cuarto durante una hora.

—Leighton Ford[10]

Una pregunta para meditar

¿De qué manera tu agitación en la vida pudiera estar bloqueándote para que no puedas escuchar al Dios viviente y tener una íntima comunión con él?

Oración

Señor, perdóname por manejar hoy mi vida sin contar contigo. Te ofrezco mis ansiedades... lo mejor que puedo. Ayúdame a quedarme quieto; a someterme a tu voluntad y a descansar en tus amorosos brazos. En el nombre del Padre, del Hijo y del Espíritu Santo, amén.

Termina con un momento de silencio (2 minutos)

DÍA 4: OFICIO DE LA MAÑANA
Y/O DEL MEDIODÍA

Silencio y quietud ante Dios (2 minutos)

Lectura bíblica: Lucas 10:38-42

Mientras iba de camino con sus discípulos, Jesús entró en una aldea, y una mujer llamada Marta lo recibió en su casa. Tenía ella una hermana llamada María que, sentada a los pies del Señor, escuchaba lo que él decía. Marta, por su parte, se sentía abrumada porque tenía mucho que hacer. Así que se acercó a él y le dijo:

—Señor, ¿no te importa que mi hermana me haya dejado sirviendo sola? ¡Dile que me ayude!

—Marta, Marta —le contestó Jesús—, estás inquieta y preocupada por muchas cosas, pero solo una es necesaria. María ha escogido la mejor, y nadie se la quitará.

Devocional

María y Marta representan dos maneras de enfocar la vida cristiana.

Marta está sirviendo activamente a Jesús, pero a la vez está desconectada de Jesús. Está muy ocupada en «los quehaceres» de la vida. Su vida está llena de presiones y de distracciones. Sus deberes se han desconectado de su amor por Jesús. Los problemas de Marta van más allá de lo ocupada que está. Sospecho que si Marta se hubiera ido a sentar a los pies de Jesús, aun así seguiría distraída con todo lo que tenía en la mente. Su persona interior era sensible, irritable y llena de ansiedades.

En cambio, María estaba sentada a los pies de Jesús, escuchándolo. Está «siendo» con Jesús; disfrutando de la intimidad con él, amándolo y complaciéndose con su presencia. Su vida tiene un centro de gravedad, que es Jesús. Sospecho que si María hubiera ayudado en los numerosos quehaceres de la casa, no habría estado consternada, ni molesta. ¿Por qué? Porque su persona interior iba a un paso lo suficientemente lento para enfocarse en Jesús, y centrar su vida en él.

Nuestra meta consiste en amar a Dios con todo nuestro ser, y estar continuamente conscientes de su presencia a lo largo de nuestra vida diaria, ya estemos quietos como María, sentados a los pies de Jesús, o activos como Marta, encargándonos de las tareas de la vida.[11]

Una pregunta para meditar
¿Qué cosas son las que te están preocupando o incomodando hoy?

Oración
Ayúdame, Señor, a guardar silencio y esperar en ti con paciencia (Salmos 37:7). Te ofrezco todas y cada una de mis ansiedades y preocupaciones de este día. Enséñame a permanecer atento a ti en un ambiente de oración y a descansar en ti cuando me sumerja en las numerosas actividades de este día. En el nombre de Jesús, amén.

Termina con un momento de silencio (2 minutos)

DÍA 4: OFICIO DEL MEDIODÍA Y/O DE LA NOCHE

Silencio y quietud ante Dios (2 minutos)

Lectura bíblica: Salmos 62:5-8
Solo en Dios halla descanso mi alma;
de él viene mi esperanza.

Solo él es mi roca y mi salvación;
   él es mi protector
   y no habré de caer.
Dios es mi salvación y mi gloria;
   es la roca que me fortalece;
   ¡mi refugio está en Dios!
Confía siempre en él, pueblo mío;
   ábrele tu corazón cuando estés ante él.
   ¡Dios es nuestro refugio!

Devocional

David, «varón conforme al corazón de Dios», es un magnífico modelo de la integración de una vida emocional plena con una vida contemplativa profunda con Dios. Confiaba en el Señor, y le hablaba de sus luchas, temores y angustias a pesar de las mentiras que se decían acerca de él.

En *El grito del alma*, Dan Allender y Tremper Longman resumen así la razón por la cual nuestros sentimientos son tan importantes en nuestra relación con Dios:

> No hacer caso a nuestras emociones equivale a volverle la espalda a la realidad; escucharlas es lo que nos hace entrar en la realidad. Y la realidad es donde nos encontramos con Dios. [...] Las emociones son el lenguaje del alma. Son el grito que le da una voz al corazón. [...] Sin embargo, muchas veces nos hacemos los sordos, por medio de la negación, la distorsión o la desconexión. Echamos fuera de nuestra vida todo lo que nos perturbe, a fin de obtener un control débil de nuestro mundo interior. Nos sentimos asustados y avergonzados por lo que se va colando en nuestro consciente. Al descuidar nuestras emociones intensas, somos falsos con nosotros mismos y perdemos una maravillosa

oportunidad para conocer a Dios. Olvidamos que el cambio se produce por medio de una sinceridad y una vulnerabilidad brutales ante Dios.[12]

Una pregunta para meditar

¿Qué te enoja en la actualidad? ¿Qué te entristece? ¿A qué le tienes temor? Derrama tu respuesta ante Dios, confiando en él, como lo hizo David.

Oración

Señor, al igual que David, muchas veces me siento como una pared inclinada, como una cerca débil que está a punto de ser derrumbada. Me da la impresión de que son demasiadas las fuerzas y las circunstancias que se levantan contra mí. Ayúdame, Señor, a hallar descanso en ti y guarecerme en ti como fortaleza mía. En el nombre de Jesús, amén.

Termina con un momento de silencio (2 minutos)

DÍA 5: OFICIO DE LA MAÑANA Y/O DEL MEDIODÍA

Silencio y quietud ante Dios (2 minutos)

Lectura bíblica: Juan 7:2-8

Faltaba poco tiempo para la fiesta judía de los Tabernáculos, así que los hermanos de Jesús le dijeron:

—Deberías salir de aquí e ir a Judea, para que tus discípulos vean las obras que realizas, porque nadie que quiera darse a conocer actúa en secreto. Ya que haces estas cosas, deja que el mundo te conozca.

Lo cierto es que ni siquiera sus hermanos creían en él. Por eso Jesús les dijo:

—Para ustedes cualquier tiempo es bueno, pero el tiempo mío aún no ha llegado. El mundo no tiene motivos para aborrecerlos; a mí, sin embargo, me aborrece porque yo testifico que sus obras son malas. Suban ustedes a la fiesta. Yo no voy todavía a esta fiesta porque mi tiempo aún no ha llegado.

Devocional

Jesús se movía lentamente, sin grandes esfuerzos ni apresuramientos. Esperó pacientemente durante todos sus años de adolescencia y de juventud, hasta que llegó el momento de revelarse como el Mesías. Incluso, no se apresuró a hacer que lo reconocieran. Esperó pacientemente su corto ministerio a que las cosas sucedieran en los momentos dispuestos por su Padre. Entonces, ¿por qué es que nosotros detestamos lo «lento», cuando Dios parece deleitarse en ello? Eugene Peterson nos ofrece por lo menos dos razones:

Estoy muy ocupado porque soy vanidoso. Lo que quiero es parecer importante. Significativo. ¿Qué mejor forma que estar muy ocupado? Las increíbles horas de trabajo, la agenda siempre ocupada y las fuertes demandas que tengo sobre mi tiempo me demuestran a mí mismo, y también a todo el que lo quiera notar, que soy importante. Si entro a la clínica de un médico y no encuentro a nadie en la sala de espera, y a través de una puerta entrecerrada, veo al médico leyendo un libro, me pregunto si servirá para algo en su profesión. [...]

Este tipo de experiencias me afectan. Vivo en una sociedad en la cual las agendas repletas y las condiciones estresantes en que vivimos son evidencias de nuestra importancia, así que desarrollo una agenda repleta de cosas por hacer y de condiciones llenas de estrés. Cuando los demás lo notan, reconocen que soy alguien importante, y alimentan mi vanidad.

Estoy muy ocupado porque soy perezoso. En mi indolencia, dejo que sean otros los que decidan lo que yo voy a hacer, en lugar de tomar firmemente esas decisiones yo mismo. Uno de los temas favoritos de C. S. Lewis era que solo la gente perezosa trabaja duro. Al abdicar perezosamente al trabajo esencial de decidir y dirigir, establecer valores y fijar metas, otras personas lo hacen por nosotros.[13]

Una pregunta para meditar

¿Qué paso podrías dar hoy para ir más lento por la vida, y vivir prestándole mayor atención a la voz de Jesús?

Oración

Señor, concédeme la gracia de hacer hoy una cosa a la vez, sin correr ni apresurarme. Ayúdame a saborear lo sagrado que hay en todo lo que hago, sea grande o pequeño. Por medio del Espíritu Santo que vive en mí, dame poder para hacer una pausa hoy mientras paso de una actividad a la siguiente. En el nombre de Jesús, amén.

Termina con un momento de silencio (2 minutos)

DÍA 5: OFICIO DEL MEDIODÍA Y/O DE LA NOCHE

Silencio y quietud ante Dios (2 minutos)

Lectura bíblica: 2 Corintios 12:7-10

Para evitar que me volviera presumido por estas sublimes revelaciones, una espina me fue clavada en el cuerpo, es decir, un mensajero de Satanás, para que me atormentara. Tres veces le rogué al Señor que me la quitara; pero él me dijo: «Te basta con mi gracia, pues mi poder se perfecciona en la debilidad». Por lo tanto, gustosamente haré más bien alarde de mis debilidades, para que permanezca sobre mí el poder de Cristo. Por eso me regocijo en debilidades, insultos, privaciones, persecuciones y dificultades que sufro por Cristo; porque cuando soy débil, entonces soy fuerte.

Devocional

La Biblia no les da un sesgo positivo a los defectos y las debilidades de sus héroes. Abraham mintió. La esposa de Oseas era una prostituta. ¡Pedro reprendió a Dios! Noé se emborrachó. Jonás era un racista. Jacob mintió. Juan Marcos desertó de su labor con Pablo. Elías sufrió un agotamiento nervioso. Jeremías estaba deprimido y sentía deseos de terminar con su vida. Tomás dudó. Moisés tenía mal carácter. Timoteo tenía úlceras. Hasta David, uno de los amigos más amados de Dios, cometió adulterio con Betsabé y mandó asesinar al esposo de ella. Sin embargo, todas estas personas nos enseñan el mismo mensaje: que todos los seres de la tierra, cualesquiera que sean sus dones y puntos fuertes, son débiles, vulnerables, y dependen de Dios y de los demás.[14]

Sobre la mayoría de nosotros se cierne una presión por presentar una imagen de nosotros mismos muy fuerte y espiritualmente «firme». Nos sentimos culpables cuando no estamos a la altura de las circunstancias; cuando no llegamos donde deberíamos llegar. Nos olvidamos de que todos nosotros somos humanos y frágiles.

El apóstol Pablo batalló con el hecho de que Dios no respondiera la oración en la que le pedía que le quitara su «aguijón en la carne». No obstante, le dio gracias por su quebrantamiento, sabiendo que sin él, se habría convertido en un apóstol arrogante y «engreído». Aprendió, como debemos aprender todos nosotros, que el poder de Cristo se perfecciona en nosotros, solo cuando somos débiles.

Una pregunta para meditar

¿Cómo podría presentar hoy el quebrantamiento o la debilidad en tu vida una oportunidad para que Dios manifieste su poder?

Oración

Padre, la idea de admitirme a mí mismo y admitirles a los demás mis debilidades y mis fracasos es muy difícil. Señor, soy débil. Dependo de ti. Tú eres Dios, no yo. Ayúdame a aceptar la obra que estás haciendo en mí. Permite que pueda decir como Pablo: «cuando soy débil (cuando estoy quebrantado), entonces soy fuerte». En el nombre de Jesús, amén.

Termina con un momento de silencio (2 minutos)

Conócete a ti mismo para que puedas conocer a Dios

2

La conciencia de nosotros mismos y de nuestra relación con Dios están estrechamente relacionadas. De hecho, el desafío de las Escrituras para despojarnos de nuestro «viejo y falso yo» y vivir auténticamente en nuestro «nuevo y verdadero yo» en Cristo, es el centro mismo del discipulado.

En el año 500 A . D., Agustín escribió: «¿Cómo puedes acercarte a Dios cuando estás alejado de ti?». En 1530, Juan Calvino escribió: «Nuestra sabiduría [...] consiste casi en su totalidad de dos partes: conocimiento de Dios y de nosotros mismos». Y Teresa de Ávila sabiamente escribió: «Casi todos los problemas en la vida espiritual tienen su raíz en la falta de autoconocimiento».

Poderosos avances espirituales suceden profundamente debajo de la superficie de nuestras vidas cuando nos detenemos a pasar tiempo con Dios en la quietud y en las Escrituras. Esto proporciona espacio para que su amor purificador pueda quemar todo lo que es falso dentro de nosotros y liberarnos para vivir auténticamente en Jesús.

RECURSOS ADICIONALES

- *Espiritualidad emocionalmente sana: edición actualizada,* capítulo 2
- *Guía de Espiritualidad emocionalmente sana: edición actualizada,* Sesión 2
- *Espiritualidad emocionalmente sana DVD: edición actualizada,* Sesión 2

DÍA 1: OFICIO DE LA MAÑANA Y/O DEL MEDIODÍA

Silencio y quietud ante Dios (2 minutos)

Lectura bíblica: Marcos 1:33-38

La población entera se estaba congregando a la puerta. Jesús sanó a muchos que padecían de diversas enfermedades. También expulsó a muchos demonios, pero no los dejaba hablar porque sabían quién era él.

Muy de madrugada, cuando todavía estaba oscuro, Jesús se levantó, salió de la casa y se fue a un lugar solitario, donde se puso a orar. Simón y sus compañeros salieron a buscarlo.

Por fin lo encontraron y le dijeron:

—Todo el mundo te busca.

Jesús respondió:

—Vámonos de aquí a otras aldeas cercanas donde también pueda predicar; para esto he venido.

Devocional

El reto para que desechemos nuestro «viejo y falso yo» a fin de vivir con autenticidad en nuestro «nuevo y verdadero yo» se halla en el centro mismo de una espiritualidad verdadera. Vemos esta autenticidad en la vida de Jesús.

En medio de un pequeño avivamiento en la población de Capernaúm, Jesús pudo soportar la presión de que todo el mundo lo estuviera buscando, y moverse hacia otro lugar. También conocía a su Padre, quien lo amaba y tenía para él una encomienda que debía realizar. Sin embargo, por vivir fiel a su propio yo, Jesús desilusionó a una gran cantidad de gente. Por ejemplo:

41

- Desilusionó a su familia hasta el punto de que su madre y sus hermanos se preguntaron si se había vuelto loco (Marcos 3:21).

- Desilusionó a la gente con la que había crecido en Nazaret. Cuando proclamó quién era en realidad, el Mesías, ellos trataron de lanzarlo por un despeñadero (Lucas 4:28-29).

- Desilusionó a sus amigos más íntimos, los doce discípulos. Ellos proyectaban sobre Jesús su propia imagen de la clase de Mesías que esperaban que él fuera. Cuando no satisfizo sus expectativas, lo abandonaron.

- Desilusionó a las multitudes. Ellos querían un Mesías terrenal que los alimentara, les arreglara todos sus problemas, derrocara a los opresores romanos, hiciera milagros y pronunciara inspiradores sermones. Se alejaron de él.

- Desilusionó a los líderes religiosos. Estos no agradecían la interrupción que su presencia trajo en su vida cotidiana, o en su teología. Finalmente, le atribuyeron su poder a los demonios, e hicieron que lo crucificaran.[15]

Una pregunta para meditar

¿De qué manera específica podrías estar cediendo ante las expectativas de los demás, en lugar de ser fiel a lo que Jesús tiene para ti?

Oración

Jesús, me siento muy agradecido de que tú comprendas lo que es sentir la presión que nos viene de las expectativas de los demás. En ocasiones, siento que me quiere aplastar. Señor, ayúdame a amar bien a los otros, al mismo tiempo que me mantengo fiel a ti. En el nombre de Jesús, amén.

Termina con un momento de silencio (2 minutos)

DÍA 1: OFICIO DEL MEDIODÍA Y/O DE LA NOCHE

Silencio y quietud ante Dios (2 minutos)

Lectura bíblica: 1 Samuel 17:38-40, 45

> Luego Saúl vistió a David con su uniforme de campaña. Le entregó también un casco de bronce y le puso una coraza. David se ciñó la espada sobre la armadura e intentó caminar, pero no pudo porque no estaba acostumbrado.
>
> —No puedo andar con todo esto —le dijo a Saúl—; no estoy entrenado para ello.
>
> De modo que se quitó todo aquello, tomó su bastón, fue al río a escoger cinco piedras lisas, y las metió en su bolsa de pastor.
>
> Luego, honda en mano, se acercó al filisteo.
>
> David le contestó:
>
> —Tú vienes contra mí con espada, lanza y jabalina, pero yo vengo a ti en el nombre del SEÑOR Todopoderoso, el Dios de los ejércitos de Israel, a los que has desafiado.

Devocional

Aun siendo joven, David se conocía a sí mismo, y conocía a Dios. Se quitó la armadura de Saúl, para irse a enfrentar a Goliat, un gigante que medía casi tres metros, solo con su honda y unas cuantas piedras pulidas, con su confianza puesta en el Dios viviente.

Sin embargo, a diferencia de David, la gran mayoría de nosotros nos vamos a la tumba sin haber conocido nunca quiénes somos en realidad. De manera inconsciente, vivimos la vida de otra persona, o al menos vivimos de acuerdo a las expectativas que otra persona tiene en cuanto a nosotros.

43

Estamos tan poco acostumbrados a ser nosotros mismos, que nos puede parecer imposible saber por dónde comenzar. Thomas Merton describe lo que hacemos con tanta frecuencia:

> Yo agoto mi vida en el afán por los placeres [...] poder, honor, conocimiento y amor, para revestir a este falso yo. [...] Y me envuelvo con experiencias y me cubro con placeres y gloria como vendajes, a fin de hacerme visible ante mí mismo y ante el mundo, como si fuera un cuerpo invisible que solo se puede volver visible cuando algo visible cubre su superficie. Pero no hay sustancia alguna debajo de las cosas de las cuales estoy revestido. Estoy vacío, y mi estructura de placeres y ambiciones no tiene ningún fundamento. [...] Y cuando hayan desaparecido, no va a quedar en mí nada más que mi propia desnudez, vacío y falsedad.[16]

Al principio, el camino que debemos andar para quitarnos de encima las capas de nuestro falso yo es muy duro. Hay alrededor y dentro de nosotros unas poderosas fuerzas que pueden asfixiar el proceso.

Al mismo tiempo, el Dios del universo ha hecho su hogar en nosotros (Juan 14:23), y nos ha dado también la misma gloria que le dio a Jesús (Juan 17:21-23).

Una pregunta para meditar
¿Cuál podría ser una capa falsa o un vendaje que Dios te esté invitando a quitarte de encima hoy?

Oración
Señor, concédeme la valentía de David para resistirme a vivir una vida que no es la que me has dado tú. Líbrame de los «Goliats» que tengo enfrente, y de las voces negativas que escucho con tanta

frecuencia. Ayúdame a escuchar y obedecer tu voz hoy. En el nombre de Jesús, amén.

Termina con un momento de silencio (2 minutos)

DÍA 2: OFICIO DE LA MAÑANA Y/O DEL MEDIODÍA

Silencio y quietud ante Dios (2 minutos)

Lectura bíblica: Salmos 139:13-16

> Tú creaste mis entrañas;
> me formaste en el vientre de mi madre.
> ¡Te alabo porque soy una creación admirable!
> ¡Tus obras son maravillosas,
> y esto lo sé muy bien!
> Mis huesos no te fueron desconocidos
> cuando en lo más recóndito era yo formado,
> cuando en lo más profundo de la tierra
> era yo entretejido.
> Tus ojos vieron mi cuerpo en gestación:
> todo estaba ya escrito en tu libro;
> todos mis días se estaban diseñando,
> aunque no existía uno solo de ellos.

Devocional

David parece haber mantenido la tensión entre dos verdades complementarias que se enseñan en las Escrituras. Somos pecadores y necesitamos desesperadamente perdón y un Salvador. Al mismo tiempo, Dios nos creó a imagen suya, nos formó en el seno de nuestras madres con un inmenso cuidado y nos escogió para cumplir con un propósito especial en la tierra. Parker Palmer capta bien esta maravilla del salmo 139:

> La vocación no me viene de una voz «externa», que me llama a convertirme en algo que no soy. Procede de una voz «interna» que me llama a ser la persona que Dios quería que fuera cuando nací; a cumplir la personalidad original que Dios me dio en ese momento.

Este derecho de nacer que tiene el yo es un extraño don. ¡Aceptarlo resulta algo más exigente aún que tratar de convertirnos en quienes no somos! Algunas veces, yo he respondido a esa exigencia ignorando el don, o escondiéndolo, o huyendo de él, o desperdiciándolo. Hay un cuento hasídico que revela con una brevedad asombrosa, tanto la tendencia universal a querer ser quienes no somos, como la importancia máxima que tiene llegar a ser quienes somos. El rabino Zusya, cuando era ya viejo, dijo: «En el mundo futuro no me van a preguntar: "¿Por qué no fuiste Moisés?" Me van a preguntar: "¿Por qué no fuiste Zusya?"».[17]

Una pregunta para meditar

¿Cuál piensas que podría ser uno de tus dones obtenido de Dios por el derecho de haber nacido, que has estado ignorando en tu vida?

Oración

Señor, vengo en este día para invitarte a cortar esas cadenas profundamente metidas en mí que me impiden ser fiel a mi verdadero yo en Cristo. Cuando lo sea, que mi vida se convierta en una bendición para muchos. En el nombre de Jesús, amén.

Termina con un momento de silencio (2 minutos)

DÍA 2: OFICIO DEL MEDIODÍA Y/O DE LA NOCHE

Silencio y quietud ante Dios (2 minutos)

Lectura bíblica: Efesios 3:14-19

Por esta razón me arrodillo delante del Padre, de quien recibe nombre toda familia en el cielo y en la tierra. Le pido que, por medio del Espíritu y con el poder que procede de sus gloriosas riquezas, los fortalezca a ustedes en lo íntimo de su ser, para que por fe Cristo habite en sus corazones. Y pido que, arraigados y cimentados en amor, puedan comprender, junto con todos los santos, cuán ancho y largo, alto y profundo es el amor de Cristo; en fin, que conozcan ese amor que sobrepasa nuestro conocimiento, para que sean llenos de la plenitud de Dios.

Devocional

Es probable que Bernardo de Claraval (1090-1153), abad de un monasterio cisterciense de Francia, fuera el mayor líder y escritor cristiano de sus tiempos. En su gran obra titulada *Del amor de Dios*, Bernardo describe cuatro grados de amor:

1. Amarnos a nosotros mismos por nuestro propio bien
2. Amar a Dios por sus dones y bendiciones
3. Amar a Dios por sí mismo solamente
4. Amarnos a nosotros mismos en nombre de Dios

Para Bernardo, el grado más alto de amor es sencillamente que nos amemos a nosotros mismos así como Dios nos ama a nosotros: en el mismo grado, de la misma manera, y con el mismo tipo de amor. Amamos el yo que Dios ama, la imagen y semejanza esencial de Dios en nosotros que ha sido dañada por el pecado.[18]

Una pregunta para meditar

¿En qué lugar te ves a ti mismo en la lista de Bernardo sobre los cuatro grados del amor?

Oración

Señor, fortaléceme con tu poder, para que pueda captar lo ancho, lo largo, lo alto y lo profundo que es el amor de Cristo, que sobrepasa el entendimiento humano. Que te ame a ti por ti solamente, y no por tus dones o tus bendiciones. Y que viva en la profunda experiencia de tu tierno amor en este día. En el nombre de Jesús, amén.

Termina con un momento de silencio (2 minutos)

DÍA 3: OFICIO DE LA MAÑANA Y/O DEL MEDIODÍA

Silencio y quietud ante Dios (2 minutos)

Lectura bíblica: Marcos 10:26-31

Los discípulos se asombraron aún más, y decían entre sí: «Entonces, ¿quién podrá salvarse?».

—Para los hombres es imposible —aclaró Jesús, mirándolos fijamente—, pero no para Dios; de hecho, para Dios todo es posible.

—¿Qué de nosotros, que lo hemos dejado todo y te hemos seguido? —comenzó a reclamarle Pedro.

—Les aseguro —respondió Jesús— que todo el que por mi causa y la del evangelio haya dejado casa, hermanos, hermanas, madre, padre, hijos o terrenos, recibirá cien veces más ahora en este tiempo (casas, hermanos, hermanas, madres, hijos y terrenos, aunque con persecuciones); y en la edad venidera, la vida eterna. Pero muchos de los primeros serán últimos, y los últimos, primeros.

Devocional

Antonio (251-356 A. D.) creció en una familia rica de Egipto, recibiendo una educación y una crianza excelente por parte de sus padres, que eran cristianos. Un domingo, escuchó estas palabras: «Anda, vende lo que tienes, y dalo a los pobres, y tendrás tesoro en el cielo», y sintió que Dios le estaba hablando directamente al corazón. A diferencia del joven rico, le respondió con fe a Jesús.

Vendió sus posesiones y salió a la soledad de un desierto de Egipto, ¡no por unos pocos días o semanas, sino que permaneció allí durante veinte años! Renunció a todas sus posesiones para aprender desprendimiento; renunció a hablar para aprender compasión, y renunció a la actividad para aprender a orar. En el desierto, Antonio descubrió a Dios y también sostuvo intensas batallas con el diablo.

Cuando Antonio salió por fin de su soledad después de veinte años, la gente reconoció en él las cualidades de un hombre auténticamente «saludable»: íntegro de cuerpo, mente y alma. Dios lo puso muy pronto al frente de uno de los ministerios más extraordinarios de aquellos tiempos. Predicaba el evangelio entre los ricos y los pobres, realizaba numerosas sanidades, echaba fuera demonios, y otras cosas más. El emperador Constantino Augusto buscó su consejo. Sirvió incansablemente en las prisiones y en medio de los pobres.[19]

Siendo ya anciano, Antonio se retiró a una soledad más profunda aún, para quedar totalmente absorto en la comunión directa con Dios. Murió en el año 356, a la edad de 106 años.[20]

Una pregunta para meditar

¿Qué te impresiona más en la historia de la vida de Antonio?

Oración

> *Señor, está muy claro que Antonio se desprendió de las capas del yo falso y superficial que tenía durante el tiempo que pasó contigo. Rompe la gruesa caparazón que tengo sobre mi corazón, y que oscurece y sepulta mi propio yo en Cristo. Transfórmame en la clase de persona que tú quieres que sea. En el nombre de Jesús, amén.*

Termina con un momento de silencio (2 minutos)

DÍA 3: OFICIO DEL MEDIODÍA Y/O DE LA NOCHE

Silencio y quietud ante Dios (2 minutos)

Lectura bíblica: Mateo 4:1-3, 8-11

Luego el Espíritu llevó a Jesús al desierto para que el diablo lo sometiera a tentación. Después de ayunar cuarenta días y cuarenta noches, tuvo hambre. El tentador se le acercó y le propuso:

—Si eres el Hijo de Dios, ordena a estas piedras que se conviertan en pan.

De nuevo lo tentó el diablo, llevándolo a una montaña muy alta, y le mostró todos los reinos del mundo y su esplendor.

—Todo esto te daré si te postras y me adoras.

—¡Vete, Satanás! —le dijo Jesús—. Porque escrito está: "Adora al Señor tu Dios y sírvele solamente a él."

Entonces el diablo lo dejó, y unos ángeles acudieron a servirle.

Devocional

La soledad es el horno de la transformación. Sin la soledad, seguimos siendo víctimas de nuestra sociedad, enredados en las ilusiones de nuestro falso yo. Jesús mismo entró en ese horno. Allí fue tentado con las tres obsesiones del mundo: ser relevante («ordena a estas piedras que se conviertan en pan»), ser espectacular («échate abajo») y ser poderoso («todo esto te daré»). Allí reafirmó a Dios como la única fuente de su identidad («Adora al Señor tu Dios y sírvele solamente a él»). La soledad es el lugar de la gran lucha y del gran encuentro: la lucha contra las obsesiones del yo falso y el encuentro con el Dios amoroso que se ofrece a sí mismo como la sustancia del nuevo yo... En la soledad me desprendo de mi andamiaje: no hay amigos con quienes conversar, ni llamadas de teléfono que hacer... La tarea consiste en perseverar en mi soledad; permanecer en mi celda hasta que todos mis visitantes seductores se cansen de golpear mi puerta y me dejen en paz.

—Henri Nouwen[21]

Una pregunta para meditar

¿Cuáles son las tentaciones o las pruebas que te parece hoy que Dios podría estar usando como horno para ayudarte a desarrollar tu vida interior?

Oración

Señor, ayúdame a bajarles el volumen a las voces que me dicen que valgo muy poco, a menos que sea rico, influyente y popular. Concédeme hoy la gracia de experimentar tu voz, que me dice: «Eres mi Hijo amado, en quien tengo complacencia» (Mateo 3:16). En el nombre de Jesús, amén.

Termina con un momento de silencio (2 minutos)

DÍA 4: OFICIO DE LA MAÑANA
Y/O DEL MEDIODÍA

Silencio y quietud ante Dios (2 minutos)

Lectura bíblica: 1 Reyes 19:1-5

Acab le contó a Jezabel todo lo que Elías había hecho, y cómo había matado a todos los profetas a filo de espada. Entonces Jezabel envió un mensajero a que le dijera a Elías: «¡Que los dioses me castiguen sin piedad si mañana a esta hora no te he quitado la vida como tú se la quitaste a ellos!»

Elías se asustó y huyó para ponerse a salvo. Cuando llegó a Berseba de Judá, dejó allí a su criado y caminó todo un día por el desierto. Llegó adonde había un arbusto, y se sentó a su sombra con ganas de morirse. «¡Estoy harto, Señor! —protestó—. Quítame la vida, pues no soy mejor que mis antepasados». Luego se acostó debajo del arbusto y se quedó dormido.

De repente, un ángel lo tocó y le dijo: «Levántate y come».

Devocional

Después de su gran victoria contra ochocientos cincuenta falsos profetas en el monte Carmelo, Elías tuvo que huir para salvar su vida. Durante todo el proceso, llegó a estar exhausto y deprimido... hasta el punto de desear la muerte. Por razones que no se nos explican en el texto, lo encontramos solo debajo de un arbusto, pidiendo morir. Como decimos hoy, está «quemado».

Cuando yo doy algo que no poseo, entrego un regalo falso y peligroso; un regalo que parece amor, pero en realidad carece de amor [...] un regalo que doy, más por la necesidad que siento de demostrar quién soy, que por la necesidad de la otra persona de sentirse valorada. [...]

Una señal de que estoy violando mi propia naturaleza en nombre de ser noble es un estado llamado agotamiento nervioso. Aunque se suele considerar como consecuencia de haber dado demasiado, es mi experiencia que este agotamiento se produce cuando trato de dar lo que no poseo [...] ¡a dar algo a lo que no he sido creado para dar! Ese agotamiento es un estado en que nos sentimos vacíos, seguramente, pero no es consecuencia de que he dado todo lo que tengo; solo revela el vacío de donde yo estaba tratando de dar en primer lugar.

—Parker Palmer[22]

Una pregunta para meditar

¿Qué aspecto tendría el que te respetaras a ti mismo a la luz de los límites humanos que te ha fijado Dios?

Oración

Jesús, tú conoces mi tendencia a decir que sí a más compromisos de los que realmente puedo cumplir. Ayúdame a aceptar el don de mis límites físicos, emocionales y espirituales. Y que tú, Señor Jesús, seas el glorificado en mí y a través de mí en el día de hoy. En tu nombre, amén.

Termina con un momento de silencio (2 minutos)

DÍA 4: OFICIO DEL MEDIODÍA Y/O DE LA NOCHE

Silencio y quietud ante Dios (2 minutos)

Lectura bíblica: Éxodo 3:1-5

Un día en que Moisés estaba cuidando el rebaño de Jetro, su suegro, que era sacerdote de Madián, llevó las ovejas hasta el otro extremo del desierto y llegó a Horeb, la montaña de Dios.

Estando allí, el ángel del SEÑOR se le apareció entre las llamas de una zarza ardiente. Moisés notó que la zarza estaba envuelta en llamas, pero que no se consumía, así que pensó: «¡Qué increíble! Voy a ver por qué no se consume la zarza».

Cuando el SEÑOR vio que Moisés se acercaba a mirar, lo llamó desde la zarza:

—¡Moisés, Moisés!

—Aquí me tienes —respondió.

—No te acerques más —le dijo Dios—. Quítate las sandalias, porque estás pisando tierra santa.

Devocional

La presencia de Dios en nosotros es como el fuego en la zarza ardiente. Se va apoderando poco a poco de nosotros, de tal manera que, a pesar de que seguimos siendo plenamente nosotros mismos, somos hechos de nuevo a la forma en que Dios quería que fuéramos originalmente. Él es Luz, y nosotros estamos llenos de su luz [...] tal vez incluso literalmente, puesto que se dice de algunos santos que se les notaba un resplandor visible. El término que define esta transformación es bastante escandalizadora: *teosis*, que significa que somos transformados en Dios, divinizados o deizados. Por supuesto, no nos convertimos en pequeños minidioses, cada uno con su propio universo. Nunca perdemos nuestra identidad, pero nos llenamos de Dios como una esponja que se llena de agua.

—Frederica Mathewes-Green[23]

Una pregunta para meditar

¿Qué aspecto de tu persona interior querrá quemar el fuego de la presencia de Dios (por ejemplo, el egoísmo, la codicia, la amargura, la impaciencia)?

Oración

Jesús, yo creo que tú viniste para salvarme del castigo debido por mis pecados, que es la muerte, y para darme vida eterna. Al mismo tiempo, viniste para salvarme del veneno que corre por mis venas; de todo aquello que me impide acercarme a tu Luz. Ven, invádeme con tu ardiente fuego, para que me pueda convertir en la persona que tú querías que fuera cuando me creaste. En tu nombre, amén.

Termina con un momento de silencio (2 minutos)

DÍA 5: OFICIO DE LA MAÑANA
Y/O DEL MEDIODÍA

Silencio y quietud ante Dios (2 minutos)

Lectura bíblica: Romanos 8:35-39

¿Quién nos apartará del amor de Cristo? ¿La tribulación, o la angustia, la persecución, el hambre, la indigencia, el peligro, o la violencia? Así está escrito:

«Por tu causa siempre nos llevan a la muerte; ¡nos tratan como a ovejas para el matadero!»

Sin embargo, en todo esto somos más que vencedores por medio de aquel que nos amó. Pues estoy convencido de que ni la muerte ni la vida, ni los ángeles ni los demonios, ni lo presente ni lo por venir, ni los poderes, ni lo alto ni lo profundo, ni cosa alguna en toda la creación, podrá apartarnos del amor que Dios nos ha manifestado en Cristo Jesús nuestro Señor.

Devocional

La mayoría de nosotros sin darnos cuenta le damos más importancia a lo que piensan los demás de nosotros. Como podemos ver en Gálatas, el apóstol Pablo comprendía de manera íntima esta lucha.

M. Scott Peck ilustra esta idea por medio de la historia de su encuentro con un compañero de estudios de la secundaria cuando tenía quince años. He aquí sus reflexiones después de sostener una conversación con su amigo:

> De repente me di cuenta de que durante los diez minutos transcurridos desde que había visto a mi compañero, hasta aquel mismo momento, yo me había estado preocupando totalmente en mí mismo. Durante los dos o tres minutos anteriores a nuestro encuentro, todo lo que estaba pensando era qué cosas ingeniosas le iba a decir para poderlo impresionar. Durante los cinco minutos que estuvimos juntos, estuve escuchando lo que él decía, solo para poder darle una respuesta inteligente. Lo observaba, solo para ver el efecto que mis comentarios estaban produciendo en él. Y durante los dos o tres minutos después que nos separamos, solo pensé en aquellas cosas que le podría haber dicho para impresionarlo más aún.
>
> Mi compañero de clase no me había importado en absoluto.[24]

¡Lo que más sorprende al leer esta detallada explicación de lo que estaba sucediendo bajo la superficie de este muchacho de quince años, es el reconocimiento de que esa misma dinámica se sigue produciendo en la mayoría de nosotros cuando ya tenemos veinte, treinta, cincuenta, sesenta y hasta noventa años! Seguimos atrapados en una vida fingida, siempre buscando la aprobación de los demás.

La libertad es verdadera cuando ya no necesitamos ser especiales ante los ojos de ninguna otra persona, porque sabemos que somos dignos de recibir amor y suficientemente buenos en Cristo.

Una pregunta para meditar

¿Cómo cambiaría tu día hoy si dejaras de buscar la aprobación humana para buscar únicamente la aprobación de Dios?

Oración

> *Dame valor, Señor, para hacer hoy aquello que tú me has encomendado; para decir lo que tú quieres que diga, y para convertirme en aquel que me has llamado a ser. En el nombre de Jesús, amén.*

Termina con un momento de silencio (2 minutos)

DÍA 5: OFICIO DEL MEDIODÍA Y/O DE LA NOCHE

Silencio y quietud ante Dios (2 minutos)

Lectura bíblica: Isaías 40:28-31

> ¿Acaso no lo sabes?
>> ¿Acaso no te has enterado?
> El Señor es el Dios eterno,
>> creador de los confines de la tierra.
> No se cansa ni se fatiga,
>> y su inteligencia es insondable.
> Él fortalece al cansado
>> y acrecienta las fuerzas del débil.
> Aun los jóvenes se cansan, se fatigan,
>> y los muchachos tropiezan y caen;
> pero los que confían en el Señor
>> renovarán sus fuerzas;
> volarán como las águilas:
>> correrán y no se fatigarán,
>> caminarán y no se cansarán.

57

Devocional

En su libro *El canto del pájaro*, Anthony de Mello relata la siguiente historia:

> Un hombre encontró un huevo de águila y lo puso en el nido de una gallina. El aguilucho nació junto con los polluelos y creció con ellos.
>
> Durante toda su vida, el águila hizo lo que hacían los pollos de la granja, pensando que también era un pollo de granja. Rascaba el suelo en busca de gusanos y de insectos, cacareaba y graznaba como ellos. Y batía las alas para volar unos pocos metros en el aire.
>
> Pasaron los años, y el águila se puso muy vieja. Un día vio un ave magnífica por encima de ella en un cielo sin nubes. El ave se deslizaba con elegante majestad en medio de las poderosas corrientes de aire, sin que apenas tuviera que batir sus fuertes alas doradas. El águila levantó la mirada asombrada. «¿Quién es esa?», preguntó.
>
> «Esa es el águila, la reina de las aves», le dijo el pollo que estaba junto a ella. «Su lugar es el cielo. El nuestro es la tierra, porque somos pollos».
>
> Y así fue como el águila vivió y murió como un pollo, porque eso es lo que ella creía que era.[25]

Una pregunta para meditar

¿En cuál aspecto de tu vida estás viviendo como un pollo, cuando en realidad, Dios te hizo águila?

Oración

Padre, tú me has hecho un águila real capaz de volar. Sin embargo, en muchos sentidos, sigo viviendo como un simple pollo, desconocedor de las alturas y las riquezas a las que me has llamado. Lléname, Espíritu Santo. Libérame para que sea esa persona única que el Señor Jesús quería que fuera cuando me creó. En el nombre de Jesús, amén.

Termina con un momento de silencio (2 minutos)

Retroceder para poder avanzar

3

El corazón mismo de la espiritualidad y el discipulado en la familia de Dios está en liberarnos de los patrones destructivos y pecaminosos de nuestro pasado para vivir la vida única que Dios quiere para nosotros. Sin embargo, pocos de nosotros hemos reflexionado honestamente en el impacto que tienen nuestra familia de origen y nuestra cultura. El resultado es que llevamos un exceso de equipaje y de peso que nos impiden amar a Dios, a nosotros mismos y a los demás.

Esta es una labor difícil y requiere valentía, pero el poder para avanzar no se origina con nosotros, sino en comunión con Jesús. Es él quien nos ancla en el amor del Padre y nos da poder con el Espíritu Santo. Es él quien nos permite entregar todas las partes rotas de nuestra historia a Dios para que pueda transformarlas en regalos para quienes nos rodean.

RECURSOS ADICIONALES

- *Espiritualidad emocionalmente sana: edición actualizada*, capítulo 3
- *Espiritualidad emocionalmente sana Guía de estudio: edición actualizada*, Sesión 3
- *Espiritualidad emocionalmente sana DVD: edición actualizada*, Sesión 3

DÍA 1: OFICIO DE LA MAÑANA Y/O DEL MEDIODÍA

Silencio y quietud ante Dios (2 minutos)

Lectura bíblica: Hebreos 11:24-27

Por la fe Moisés, ya adulto, renunció a ser llamado hijo de la hija del faraón. Prefirió ser maltratado con el pueblo de Dios a disfrutar de los efímeros placeres del pecado. Consideró que el oprobio por causa del Mesías era una mayor riqueza que los tesoros de Egipto, porque tenía la mirada puesta en la recompensa. Por la fe salió de Egipto sin tenerle miedo a la ira del rey, pues se mantuvo firme como si estuviera viendo al Invisible.

Devocional

Incluso las experiencias familiares peores y más dolorosas se convierten en parte de nuestra identidad total. Dios tenía un plan al situarnos en nuestra familia y cultura particulares. Y mientras más sepamos acerca de nuestra familia, más sabremos acerca de nosotros mismos, y mayor será nuestra libertad para tomar decisiones sobre la forma en que queremos vivir.

Si preferimos ignorar la verdad movidos por el miedo, terminaremos siendo como Miss Havisham, de la novela *Grandes esperanzas*, de Charles Dickens. Hija de un hombre rico, en el día de su boda recibió a las 8:40 a. m. una carta en la que se le informaba que su futuro esposo no iba a llegar a la boda. Entonces detuvo todos los relojes de la casa en el momento preciso en que había llegado la carta, y se pasó el resto de su vida con su vestido de novia puesto, el cual terminó volviéndose amarillento, y llevando solo un zapato (puesto que todavía no se había puesto el otro en el momento del desastre). Incluso siendo una mujer mayor, permaneció incapacitada por el peso de aquel golpe aplastante. Era como si «todo se hubiera detenido en el cuarto y en la casa». Decidió vivir en su pasado; no en su presente ni en su futuro.[26]

En la vida de Moisés encontramos una gran carga de sufrimientos y de fracasos. Después de haber sido criado en un hogar rico y privilegiado, asesinó a un hombre, lo perdió todo y se pasó los cuarenta años siguientes de su vida en la oscuridad del desierto. Sin embargo, por fe, «vio al invisible» y oyó la invitación de Dios para que hiciera algo que sería una bendición para muchos.

Una pregunta para meditar

¿Qué invitación te estará haciendo Dios en base de los fracasos y los sufrimientos de tu pasado?

Oración

Señor Jesús, libérame para que sea la persona que tienes destinado que llegue a ser. Ayúdame a hacer una pausa hoy para poder escuchar tu voz, y para dejar atrás el «bagaje» que llevo encima y seguirte. Ayúdame a discernir cuando sea tu mano la que esté obrando en mi vida y por medio de ella, tanto en el pasado como en el futuro. En el nombre de Jesús, amén.

Termina con un momento de silencio (2 minutos)

DÍA 1: OFICIO DEL MEDIODÍA Y/O DE LA NOCHE

Silencio y quietud ante Dios (2 minutos)

Lectura bíblica: Lucas 9:59-62

A otro le dijo [Jesús]:

—Sígueme.

—Señor —le contestó—, primero déjame ir a enterrar a mi padre.

—Deja que los muertos entierren a sus propios muertos, pero tú ve y proclama el reino de Dios —le replicó Jesús.

Otro afirmó:

—Te seguiré, Señor; pero primero déjame despedirme de mi familia.

Jesús le respondió:

—Nadie que mire atrás después de poner la mano en el arado es apto para el reino de Dios.

Devocional

Se cuenta la vieja historia de un jovencito que había crecido a la orilla de un río ancho y turbulento, y se había pasado la niñez aprendiendo a construir balsas. Siendo ya un hombre, cortó algunos árboles, los amarró entre sí para formar una balsa, y sobre esa balsa cruzó el río hasta la orilla opuesta. Porque había pasado tanto tiempo trabajando en la balsa, no encontró manera de dejarla atrás cuando llegó a tierra firme, así que se la amarró a los hombros y se la llevó consigo, aunque todo lo que fue encontrando en sus viajes fueron unos pocos arroyos fáciles de vadear y unas cuantas lagunas pequeñas. Pocas veces se le ocurrió pensar en las cosas que se estaba perdiendo por cargar con aquella voluminosa balsa: los árboles a los que no podía subir, los paisajes que no podía ver, la gente a la que no se podía acercar y las carreras que no podía dar. Ni siquiera se daba cuenta ya de lo pesada que era la balsa, porque nunca había sabido lo que era vivir libre de ella.

—Lori Gordon[27]

Aunque todos somos afectados por poderosos sucesos y circunstancias externas a lo largo de nuestra vida en la tierra, nuestra familia de origen es el grupo más influyente de todos a los que llegamos a pertenecer. Aun aquellos que dejan su hogar siendo todavía unos adultos jóvenes, y decididos a «romper» con la historia de su familia, descubren muy pronto que la manera de «vivir la vida» de su familia los sigue dondequiera que vayan.

Los esquemas familiares del pasado entran en acción en nuestras relaciones del presente, muchas veces sin que nosotros estemos conscientes de ello. El precio que pagamos por esto es elevado. Nuestra historia familiar vive dentro de cada uno de nosotros, incluso dentro de aquellos que la tratan de enterrar.

Solo la verdad nos hace libres. Es posible desaprender lo que se ha aprendido. Y con la gracia y el poder de Dios, podemos aprender nuevas maneras de «vivir la vida» que van a hacer posibles el cambio y la libertad.

Una pregunta para meditar

¿Cuál será la pesada «balsa» con la cual tal vez estés cargando mientras tratas de subir las montañas que Dios ha puesto delante de ti?

Oración

Señor, yo también prefiero no mirar a mi pasado doloroso; ni recordarlo siquiera. Muéstrame, Padre, cuáles son las cargas y las pesadas balsas que estoy cargando a causa de mi pasado. Ayúdame a aprender lo que significa enfrentarme sinceramente con mi pasado, levantarlo a ti, y permitirte que lo uses como medio para que yo madure y crezca en Cristo. En el nombre de Jesús, amén.

Termina con un momento de silencio (2 minutos)

DÍA 2: OFICIO DE LA MAÑANA Y/O DEL MEDIODÍA

Silencio y quietud ante Dios (2 minutos)

Lectura bíblica: Marcos 3:31-35

En eso llegaron la madre y los hermanos de Jesús. Se quedaron afuera y enviaron a alguien a llamarlo, pues había mucha gente sentada alrededor de él.

—Mira, tu madre y tus hermanos están afuera y te buscan —le dijeron.

—¿Quiénes son mi madre y mis hermanos? —replicó Jesús.

Luego echó una mirada a los que estaban sentados alrededor de él y añadió:

—Aquí tienen a mi madre y a mis hermanos. Cualquiera que hace la voluntad de Dios es mi hermano, mi hermana y mi madre.

Devocional

Cuando nos hacemos cristianos, Dios nos adopta y entramos a formar parte de la familia de Jesús. Él nos llamó clara y directamente a entregarle nuestra lealtad máxima. Nos hizo ver que el discipulado consiste en desechar los patrones pecaminosos de incredulidad, para podernos revestir con las decisiones que toma la fe, de manera que seamos transformados para vivir como miembros de su familia.

Cuando retrocedemos para seguir adelante, descubrimos que se trata de un proceso que no tiene fin. Regresamos y quebrantamos algún poder destructor del pasado. Después, más tarde, y a un nivel más profundo, Dios nos hace regresar al mismo problema, pero ahora con mayor profundidad.

Thomas Keating compara la obra de Dios en nosotros a un «tel» o sitio arqueológico del Medio Oriente, en el cual se han ido levantando diversas civilizaciones, una encima de otra, todas en el mismo lugar. El Espíritu Santo, afirma él, es como un Arqueólogo Divino que va cavando a través de las capas cada vez más profundas de nuestra vida.

El Espíritu tiene el propósito de investigar toda la historia de nuestra vida, capa tras capa, desechando la basura y conservando los valores que son adecuados para cada etapa de nuestro desarrollo humano. [...] eventualmente, el Espíritu comienza a cavar en el lecho de roca de nuestra vida emocional más temprana. [...] De aquí, a medida que vamos progresando hacia el centro donde en realidad es Dios mismo quien nos está esperando, es natural que vayamos sintiendo que estamos empeorando. Esto nos advierte que el camino de la vida espiritual no es la historia de un éxito, ni un cambio favorable para nuestra carrera. En realidad consiste en una serie de humillaciones de nuestro yo falso.[28]

Una pregunta para meditar

¿Con cuál yo falso estás luchando ahora, y al cual Cristo quiere que mueras, para que puedas vivir de verdad?

Oración

Espíritu Santo, te invito a cavar a través de las capas de mi ser que son obstáculo para mis relaciones y mi comunión con los demás. Concédeme perseverancia para permitirte que caves muy profundo, sacando de mí todo lo que no sea de Cristo, de manera que pueda ser lleno de tu presencia. En el nombre de Jesús, amén.

Termina con un momento de silencio (2 minutos)

DÍA 2: OFICIO DEL MEDIODÍA
Y/O DE LA NOCHE

Silencio y quietud ante Dios (2 minutos)

Lectura bíblica: Hebreos 12:1-3

Por tanto, también nosotros, que estamos rodeados de una multitud tan grande de testigos, despojémonos del lastre que nos estorba, en especial del pecado que nos asedia, y corramos con perseverancia la carrera que tenemos por delante. Fijemos la mirada en Jesús, el iniciador y perfeccionador de nuestra fe, quien por el gozo que le esperaba, soportó la cruz, menospreciando la vergüenza que ella significaba, y ahora está sentado a la derecha del trono de Dios. Así, pues, consideren a aquel que perseveró frente a tanta oposición por parte de los pecadores, para que no se cansen ni pierdan el ánimo.

Devocional

Francisco de Asís, uno de los cristianos más influyentes de los dos milenios pasados, rompió con su familia de una manera muy dramática. A medida que Francisco se iba apasionando más por su relación con Cristo, y desinteresando del negocio lucrativo de su padre, las tensiones entre ellos fueron creciendo. Esto culminó en la escena siguiente:

El padre [arrastró] al hijo ante el obispo, con la esperanza de que la autoridad religiosa de la ciudad pudiera hacer que el joven recuperara el sentido común. Pero su plan produjo un efecto indeseado. Allí, ante Dios y ante todos, Francisco se despojó de toda su ropa y se la entregó a su padre. Allí de pie, tan desnudo como el día de su nacimiento, le dijo: «Hasta ahora te he llamado padre, pero de ahora en adelante podré decir sin reservas: "Padre nuestro que estás en el cielo"».

El padre de Francisco se llevó la ropa de su hijo a una gran casa que se había vuelto extrañamente silenciosa. En cambio, Francisco siguió su camino regocijándose, liberado de los estorbos de las riquezas, la familia y la estima de la sociedad. [...]

Pero le quedaba una última barrera por atravesar antes de poder servir a Dios con todo su corazón. Un día, mientras iba por el camino, vio que se le acercaba un leproso, supo que se le estaba presentando su oportunidad... Francisco se llegó hasta él, y lo besó.[29]

Francisco de Asís forma parte de esa «multitud tan grande de testigos» que se menciona en Hebreos 12. Literalmente, «se despojó de todo lo que le estorbaba» y Dios lo lanzó a una vida y un destino extraordinarios. Su vida nos sigue hablando aún hoy en día.

Una pregunta para meditar

¿Qué te causa un impacto mayor en esta historia acerca de Francisco? ¿Cómo te está hablando Dios por medio de ella?

Oración

Señor, no hay nadie como tú. Te quiero conocer como mi Padre definitivo, aquel cuyo amor insondable e incondicional me hace libre de manera que pueda vivir para ti; muy por encima de todas las demás lealtades y expectativas. En el nombre de Jesús, amén.

Termina con un momento de silencio (2 minutos)

DÍA 3: OFICIO DE LA MAÑANA Y/O DEL MEDIODÍA

Silencio y quietud ante Dios (2 minutos)

Lectura bíblica: Génesis 50:15, 19-21

Al reflexionar sobre la muerte de su padre, los hermanos de José concluyeron: «Tal vez José nos guarde rencor, y ahora quiera vengarse de todo el mal que le hicimos».

—No tengan miedo —les contestó José—. ¿Puedo acaso tomar el lugar de Dios? Es verdad que ustedes pensaron hacerme mal, pero Dios transformó ese mal en bien para lograr lo que hoy estamos viendo: salvar la vida de mucha gente. Así que, ¡no tengan miedo! Yo cuidaré de ustedes y de sus hijos.

Devocional

José nació en una familia caracterizada por grandes quebrantos y tristezas. Su juventud se vio visitada por la mentira, los celos, los secretos y la traición, y tuvo que pasar entre diez y trece años en prisión, totalmente separado de su familia.

Sin embargo, fue capaz de observar la presencia de la gran mano amorosa de Dios a través de todos sus reveses y sus desilusiones. Al hacerlo, comprobó que Dios nos guía de manera misteriosa hacia sus propósitos a través de las tinieblas y de la oscuridad. Dios es el Señor Dios Todopoderoso que tiene toda la historia en su mano, y que trabaja en formas que permanecen mayormente escondidas de los que estamos en la tierra. José entendía que Dios está obrando en todas las cosas, a pesar de, a través, e incluso en contra de todo esfuerzo humano, para hacer que se cumplan sus propósitos.[30]

Dios nunca desecha nada de nuestro pasado, sino que lo usa en su futuro cuando nosotros nos sometemos a él. ¡Dios es el Señor! Todos los errores, los pecados y los desvíos por los que pasamos en el camino de la vida, él los toma y los convierte en regalo suyo para un futuro de bendición cuando nos sometemos a él.

¿Por qué permitió Dios que José pasara por tantos sufrimientos y tantas pérdidas? En Génesis 37 a 50 vemos rastros del bien que salió de todo aquello, pero gran parte sigue permaneciendo en el misterio. Lo más importante de todo es que nosotros reconozcamos hoy que José no renegó de su pasado, sino que confió en la bondad y el amor de Dios, aun cuando las circunstancias fueran de mal en peor.[31]

Una pregunta para meditar

¿A qué se parecería el sometimiento de los sufrimientos de tu pasado (errores, pecados, reveses y desilusiones) a Dios en el presente?

Oración

Padre, afirmo junto con José que tú me has colocado soberanamente en mi familia, mi cultura y mis circunstancias del presente. No puedo ver todo lo que tú ves, pero te pido que me enseñes, como hiciste con José, que puedo descansar en tu amor y tu poder, incluso cuando no puedo ver ningún bien en lo que estás haciendo. En el nombre de Jesús, amén.

Termina con un momento de silencio (2 minutos)

en mi viada Dios me dice
ten paciencia Fe y esperanza
Que yo todo lo hare a mi tiempo
y ConFiar Siempre en Dios.

DÍA 3: OFICIO DEL MEDIODÍA
Y/O DE LA NOCHE

Silencio y quietud ante Dios (2 minutos)

Lectura bíblica: Génesis 45:4-7

No obstante, José insistió:

—¡Acérquense!

Cuando ellos se acercaron, él añadió:

—Yo soy José, el hermano de ustedes, a quien vendieron a Egipto. Pero ahora, por favor no se aflijan más ni se reprochen el haberme vendido, pues en realidad fue Dios quien me mandó delante de ustedes para salvar vidas. Desde hace dos años la región está sufriendo de hambre, y todavía faltan cinco años más en que no habrá siembras ni cosechas. Por eso Dios me envió delante de ustedes: para salvarles la vida de manera extraordinaria y de ese modo asegurarles descendencia sobre la tierra.

Devocional

La mayoría de nosotros nos resistimos a recordar y volver a sentir las heridas y los sufrimientos de nuestro pasado. Nos podemos llegar a sentir como si un abismo nos fuera a tragar. Nos podemos preguntar si solo estamos empeorando. En cambio, vemos a José llorando repetidamente al reunirse con su familia. De hecho, las Escrituras nos dicen que lloraba tan alto, que los egipcios lo oían (Génesis 45:2).

José no les restó importancia a los dolorosos años de su vida pasada, ni los trató de racionalizar. Habría podido destruir a sus hermanos en su ira. En cambio, movido por su sincero dolor, perdonó genuinamente a los hermanos que le habían traicionado, y los pudo bendecir. Así pudo discernir que Dios lo había enviado a él por delante a Egipto para salvar la vida de sus hermanos con una gran liberación (Génesis 45:7).

La pregunta es esta: «¿Cómo lo hizo?».

Vemos con claridad que José desarrolló una historia secreta durante un largo período de tiempo en su relación con Dios. Toda su vida estaba estructurada alrededor de su decisión de seguir al Señor Dios de Israel. Entonces, cuando le llegó el momento de tomar una decisión crítica, estaba preparado. Asumió el liderazgo de su familia, y lo continuó hasta el final de sus días, sosteniéndolos económica, emocional y espiritualmente.

Una pregunta para meditar

¿Qué sufrimientos de tu vida están esperando que tú los reconozcas y te aflijas por ellos?

Oración

Señor, guíame a través del proceso de aflicción y sanidad para que yo pueda ofrecer una bondad y un perdón genuinos a aquellos que no han actuado bien conmigo. Ayúdame, como a José, a unirme a ti para convertirme en una bendición para muchas otras personas. En el nombre de Jesús, amén.

Termina con un momento de silencio (2 minutos)

DÍA 4: OFICIO DE LA MAÑANA Y/O DEL MEDIODÍA

Silencio y quietud ante Dios (2 minutos)

Lectura bíblica: Hechos 9:1-6, 15-16

Mientras tanto, Saulo, respirando aún amenazas de muerte contra los discípulos del Señor, se presentó al sumo sacerdote y le pidió cartas de extradición para las sinagogas de Damasco. Tenía la intención de encontrar y llevarse presos a Jerusalén a todos los que pertenecieran al Camino, fueran hombres o mujeres. En el viaje sucedió que, al acercarse a Damasco, una luz del cielo relampagueó de repente a su alrededor. Él cayó al suelo y oyó una voz que le decía:

—Saulo, Saulo, ¿por qué me persigues?

—¿Quién eres, Señor? —preguntó.

—Yo soy Jesús, a quien tú persigues —le contestó la voz—. Levántate y entra en la ciudad, que allí se te dirá lo que tienes que hacer.

—¡Ve! —insistió el Señor—, porque ese hombre es mi instrumento escogido para dar a conocer mi nombre tanto a las naciones y a sus reyes como al pueblo de Israel. Yo le mostraré cuánto tendrá que padecer por mi nombre.

Devocional

La maravillosa conversión de Saulo y su vida como apóstol solo se pueden comprender cuando se miran toda su vida y el entrenamiento que lo llevaron hasta este famoso pasaje de Hechos 9.

Søren Kierkegaard hizo en una ocasión la observación de que la vida se vive hacia delante, pero solo se entiende cuando retrocedemos. Ciertamente, esta fue la experiencia de Aleksandr Solzhenitsyn.

Muchos consideran a Solzhenitsyn como el mejor escritor ruso del siglo veinte, aunque no siempre tuvo clara la sensación de tener un llamado. Fue encontrando su razón de ser en la vida durante sus experiencias en el Gulag, el conjunto de campos de concentración soviética, un lugar donde pasó por una lucha mortal para escribir, una cura milagrosa del cáncer, una conversión por medio de un seguidor judío de Jesús, y una carga cada vez más profunda que lo llevaba a poner por escrito «la última voluntad de millones». Esto escribió:

> Lo que más me preocupaba es que no me dieran tiempo para llevar a cabo todo el plan. Sentía como si estuviera a punto de llenar un espacio en el mundo, que me había sido destinado a mí, y que me había estado esperando durante largo tiempo. Un molde, por así decirlo, hecho solamente para mí, pero que solo llegué a discernir en ese mismo momento. Yo era una sustancia derretida, impaciente, insoportablemente impaciente por derramarme en mi molde, llenarlo por completo, sin burbujas de aire ni grietas, antes que me enfriara y endureciera. [...]
>
> Más tarde, vería de manera inevitablemente clara la importancia de lo sucedido, y me sentiría aturdido por la sorpresa.[32]

Una pregunta para meditar

¿Cuál lugar del mundo para el cual te ha preparado tu pasado, está esperando para que tú lo llenes? Dios siempre a llenado mis espetativa, meda paciencia Para resolver

Oración Todas las advercidades de mi Vida.

Señor, tú eres bueno, y tu amor permanece para siempre. Ayúdame a confiar en ti, tanto en lo bueno como en lo difícil, en los éxitos como en los fracasos, en los gozos como en los sufrimientos de mi pasado. Me rindo ante tu voz que me susurra: «Todo está bien, y todo va a seguir estando bien». En el nombre de Jesús, amén.

Termina con un momento de silencio (2 minutos)

DÍA 4: OFICIO DEL MEDIODÍA Y/O DE LA NOCHE

Silencio y quietud ante Dios (2 minutos)

Lectura bíblica: 1 Samuel 16:6-7

Cuando llegaron, Samuel se fijó en Eliab y pensó: «Sin duda que éste es el ungido del SEÑOR». Pero el SEÑOR le dijo a Samuel:

—No te dejes impresionar por su apariencia ni por su estatura, pues yo lo he rechazado. La gente se fija en las apariencias, pero yo me fijo en el corazón.

Devocional

Chaim Potok relata en su novela *Los elegidos* la historia de una amistad entre dos muchachos que crecieron en Brooklyn, Nueva York. Danny es un judío hasídico estricto, mientras que Reuven es un judío de la rama conservadora. El padre de Danny es el líder de una comunidad hasídica y cría a su hijo en medio del silencio. Nunca le habla a él directamente.

Danny se siente herido y confundido. No puede comprender por qué su padre se mantiene tan distante y lo aflige de una manera tan dolorosa. Al final de la novela, el padre de Danny le explica que se comportó así como acto de amor.

Más tarde, Danny reflexiona sobre aquella dolorosa experiencia: «Mi padre nunca me hablaba, excepto cuando estudiábamos juntos. Me enseñaba con el silencio. Me enseñaba a mirar dentro de mí mismo, a hallar mi propia fortaleza, a caminar dentro de mí mismo en compañía de mi alma».

En el libro, Danny descubre que el sufrimiento por el que ha pasado ha tenido un buen resultado. «Uno aprende acerca de los sufrimientos de los demás a base de sufrir nuestros propios dolores, de volcarse en nuestro propio interior, de hallar nuestra propia alma. Y es importante conocer el dolor. Es el que destruye nuestro orgullo personal, nuestra arrogancia y nuestra indiferencia hacia los demás. Nos hace conscientes de lo frágiles y pequeños que somos, y de lo mucho que debemos depender del Amo del Universo».[33]

Al leer 1 Samuel 16, nos tenemos que preguntar cómo sería la vida de David por ser el menor de siete hermanos. ¿Qué aprendió por el hecho de que lo trataran como si fuera invisible, no solo sus hermanos, sino también su propio padre? ¿Cómo habría ayudado esta experiencia a moldear su carácter de tal manera que más tarde se dice de él que fue «varón conforme al corazón de Dios»?

Una pregunta para meditar

¿Puedes mencionar algunas de las formas en las que has aprendido lo que es el sufrimiento de los demás a base de sufrir tus propios dolores?

Oración

Padre, te pido que los sufrimientos por los que yo paso maten las cosas que necesitan morir en mí: la arrogancia, el orgullo y la indiferencia ante los demás. Ayúdame a ver todos los días mi fragilidad, y lo mucho que dependo de ti, que eres el Amo del Universo. En el nombre de Jesús, amén.

Termina con un momento de silencio (2 minutos)

DÍA 5: OFICIO DE LA MAÑANA Y/O DEL MEDIODÍA

Silencio y quietud ante Dios (2 minutos)

Lectura bíblica: Éxodo 14:10, 13-16

El faraón iba acercándose. Cuando los israelitas se fijaron y vieron a los egipcios pisándoles los talones, sintieron mucho miedo y clamaron al SEÑOR.

—No tengan miedo —les respondió Moisés—. Mantengan sus posiciones, que hoy mismo serán testigos de la salvación que el SEÑOR realizará en favor de ustedes. A esos egipcios que hoy ven, ¡jamás volverán a verlos! Ustedes quédense quietos, que el Señor presentará batalla por ustedes.

Pero el SEÑOR le dijo a Moisés: «¿Por qué clamas a mí? ¡Ordena a los israelitas que se pongan en marcha! Y tú, levanta tu vara, extiende tu brazo sobre el mar y divide las aguas, para que los israelitas lo crucen sobre terreno seco.

Devocional

Moisés manifestó tener un liderazgo que le venía de Dios cuando el ejército de Egipto estaba alcanzando a los israelitas en el mar Rojo. No obstante, en su ansiedad, los israelitas distorsionaron el pasado y se negaron a seguir adelante. Preferían su pasado infeliz a un futuro desconocido con Dios.

Lleno de valor, Moisés se mantiene solo y los exhorta a «quedarse quietos» y a que «se pongan en marcha». Recoge su vara y da con deliberación unos pasos para seguir adelante. Al recordar al Señor (quedándose quieto), hace en su valentía lo mejor (ponerse en marcha), a pesar de la falta de apoyo por parte de los israelitas. Así da ejemplo del delicado equilibrio que hay en el hecho de quedarse quieto al mismo tiempo que uno se pone en marcha. Al hacerlo, no solo transforma su propia vida, sino las vidas de todos los que le rodean.

Todos los que respiramos, tenemos que «guiar» muchas veces al día. Guiamos con acciones que van desde una sonrisa hasta un ceño fruncido; con palabras que van desde una bendición hasta una maldición; con decisiones que van desde la fidelidad hasta el temor... Cuando me resisto a considerarme líder, no es por modestia, ni por haber mirado con ojos claros la realidad de mi vida... Yo soy responsable por el impacto que hago en el mundo, tanto si lo reconozco, como si no. Entonces, ¿qué es necesario tener para reunir las características de un líder? Ser humano y estar aquí. Mientras yo esté aquí, haciendo lo que esté haciendo, estoy dirigiendo, para bien o para mal. Y, si me permites que te lo diga, lo mismo te sucede a ti.

—Parker Palmer[34]

Una pregunta para meditar

¿Cómo podrían tener estas palabras de Éxodo 14:14-15: «El Señor presentará batalla por ustedes» y «¡Que se pongan en marcha!», una aplicación para ti hoy?

Oración

Señor, me identifico con los israelitas en el desierto, y con su afán por regresar a lo predecible, aunque sea horrible. Los cambios son difíciles. Concédeme la valentía de Moisés para que pueda caminar por el delicado equilibrio entre quedarme quieto y ponerme en marcha hacia la nueva vida en Cristo que tú tienes para mí. En el nombre de Jesús, amén.

Termina con un momento de silencio (2 minutos)

DÍA 5: OFICIO DEL MEDIODÍA
Y/O DE LA NOCHE

Silencio y quietud ante Dios (2 minutos)

Lectura bíblica: Salmos 131

> SEÑOR, mi corazón no es orgulloso,
>> ni son altivos mis ojos;
> no busco grandezas desmedidas,
>> ni proezas que excedan a mis fuerzas.
> Todo lo contrario:
>> he calmado y aquietado mis ansias.
> Soy como un niño recién amamantado en el regazo de su madre.
>> ¡Mi alma es como un niño recién amamantado!
> Israel, pon tu esperanza en el SEÑOR
>> desde ahora y para siempre.

Devocional

Olvidamos con frecuencia nuestra humanidad, nuestras limitaciones y nuestra incapacidad para cambiar a los demás. Si tenemos en cuenta que David fue uno de los hombres más poderosos de su tiempo, nos sorprende ver cómo se recuerda a sí mismo en este salmo que no tenga un concepto demasiado alto de sí mismo.

La cita siguiente procede de un rabino hasídico anónimo, y fue pronunciada en su lecho de muerte. Estas palabras me han sido muy útiles a lo largo de los años, porque me mantienen centrado en el hecho de que es Cristo quien me cambia a mí:

> Cuando yo era joven, quería cambiar al mundo. Pocos años más tarde, me di cuenta de que aquello era demasiado ambicioso, así que me conformé con cambiar mi estado. También esto, según

me di cuenta con el pasar de los años, resultaba demasiado ambicioso, así que me dispuse a cambiar mi pueblo. Cuando me di cuenta de que ni siquiera podía hacer esto, traté de cambiar a mi familia. Ahora, que ya soy un hombre de edad, sé que habría debido comenzar por cambiarme a mí mismo. Si hubiera comenzado conmigo mismo, tal vez entonces habría logrado cambiar mi familia, el pueblo, o incluso el estado... Y quién sabe; ¡tal vez el mundo![35]

Una pregunta para meditar

En Salmos 131:1, David ora diciendo: «No busco grandezas desmedidas, ni proezas que excedan a mis fuerzas». ¿Qué te viene a la mente cuando oyes estas palabras?

Oración

Señor Jesús, dale a mi corazón ojos para ver y oídos para oír aquellas cosas en las que necesito cambiar. Ayúdame a ser transformado de una manera más profunda, radical y poderosa, por amor a tu nombre. Amén.

Termina con un momento de silencio (2 minutos)

El viaje a través
del muro

Una espiritualidad madura requiere que pases por el dolor del muro... o, como lo llamaban los antiguos, «la noche oscura del alma». Así como un muro físico nos impide seguir adelante, Dios a veces nos detiene en nuestro viaje espiritual a través de un muro con el fin de transformar radicalmente nuestro carácter. A menudo, somos llevados al muro por circunstancias y crisis que están más allá de nuestro control.

Independientemente de cómo lleguemos allí, cada seguidor de Jesús se enfrentará en algún momento al muro. La falta de entender y entregarnos a Dios que obra en nosotros en el Muro, a menudo produce dolor a largo plazo, inmadurez y confusión continuas. Sin embargo, recibir el don de Dios en el muro, transforma nuestras vidas para siempre.

RECURSOS ADICIONALES

- *Espiritualidad emocionalmente sana: edición actualizada,* capítulo 4
- *Espiritualidad emocionalmente sana Guía de estudio: edición actualizada,* Sesión 4
- *Espiritualidad emocionalmente sana DVD: edición actualizada,* Sesión 4

DÍA 1: OFICIO DE LA MAÑANA Y/O DEL MEDIODÍA

Silencio y quietud ante Dios (2 minutos)

Lectura bíblica: Génesis 12:1-3

El Señor le dijo a Abram: «Deja tu tierra, tus parientes y la casa de tu padre, y vete a la tierra que te mostraré.

«Haré de ti una nación grande,
    y te bendeciré;
haré famoso tu nombre,
    y serás una bendición.
Bendeciré a los que te bendigan
    y maldeciré a los que te maldigan;
¡por medio de ti serán bendecidas
    todas las familias de la tierra!»

Devocional

Como pocas otras metáforas, la imagen de la vida cristiana como una jornada capta nuestra experiencia al seguir a Cristo. Los viajes envuelven movimiento, acción, paradas y arrancadas, desvíos, retrasos y viajes a lo desconocido.

Dios llamó a Abraham para que dejara su vida cómoda en Ur a los setenta y cinco años, y se embarcara en un viaje largo y lento; un viaje con Dios que exigiría de él una gran cantidad de confianza llena de paciencia.

La confianza paciente

Por encima de todo, confía en la lenta obra de Dios. Por naturaleza, somos bastante impacientes en todo y queremos alcanzar el fin sin retraso alguno. Nos gustaría podernos saltar las etapas intermedias. Sentimos impaciencia por estar de camino hacia algo desconocido; algo nuevo. Y, sin embargo, esta es la ley de todo progreso que se logra a base de atravesar algunas etapas de inestabilidad, y es posible que esto lleve un tiempo muy largo.

Y pienso que esto también te sucede; que tus ideas maduran de manera gradual. Permite que crezcan, permite que se den forma a sí mismas, sin prisas indebidas. No trates de forzarlas a seguir adelante, como si tú pudieras ser hoy lo que podrías ser mañana, permite que la gracia y las circunstancias trabajen en ti.

Solo Dios podrá decir cómo va a ser este nuevo espíritu que está tomando forma gradualmente en ti. Dale al Señor el beneficio, creyendo que es su mano la que te está dirigiendo. Y acepta la ansiedad de sentirte en suspenso e incompleto.

—Pierre Teilhard de Chardin[36]

Una pregunta para meditar

¿Qué significa para ti poner tu confianza en la lenta obra que Dios está haciendo hoy? *Paciencia*

Oración

Padre, dame valor para embarcarme en el viaje que tú has preparado para mí de manera exclusiva. Por fe, te someto mi necesidad y mi deseo de tener el control de todo momento, circunstancia y persona con que me voy a encontrar en el día de hoy. En el nombre de Jesús, amén.

Termina con un momento de silencio (2 minutos)

DÍA 1: OFICIO DEL MEDIODÍA
Y/O DE LA NOCHE

Silencio y quietud ante Dios (2 minutos)

Lectura bíblica: Cantar de los Cantares 1:2, 3:1-3

Ah, si me besaras con los besos de tu boca...

¡grato en verdad es tu amor, más que el vino! [...]

Por las noches, sobre mi lecho,

busco al amor de mi vida;

lo busco y no lo hallo.

Me levanto, y voy por la ciudad,

por sus calles y mercados,

buscando al amor de mi vida.

¡Lo busco y no lo hallo!

Me encuentran los centinelas

mientras rondan la ciudad.

Les pregunto:

«¿Han visto ustedes al amor de mi vida?»

Devocional

Los cristianos leemos Cantar de los Cantares principalmente en dos niveles distintos: como el amor matrimonial de un hombre y una mujer, y como una descripción de nuestra relación de amor con el Señor Jesús, nuestro Esposo. En Cantar de los Cantares 3:1-3 encontramos descrita en particular la experiencia de la Madre Teresa de Calcuta, con respecto a su penosa lucha con la ausencia de Dios a lo largo de sus cincuenta años de servicio entre los pobres, escribió:

Cuando trato de elevar mis pensamientos al cielo, experimento un vacío tan grande, que esos mismos pensamientos regresan como cuchillos afilados e hieren mi alma. El amor, la palabra, no me trae nada. Me dicen que Dios me ama y sin embargo, la realidad de esa oscuridad, esa frialdad y ese vacío es tan grande, no hay nada que llegue hasta mi alma. [...]

A pesar de todo, esta oscuridad y este vacío no son tan dolorosos como mi añoranza de Dios. [...]

Antes, yo me podía pasar horas ante el Señor, amándolo y hablando con él; pero ahora, ni siquiera mi meditación se desarrolla de una forma adecuada. [...] No obstante, en un profundo rincón de mi corazón, esa añoranza de Dios se sigue abriendo paso a través de las tinieblas. [...]

Mi alma es como un bloque de hielo... No tengo nada que decir.[37]

La Madre Teresa llegó a estar consciente de que sus tinieblas eran la parte espiritual de su labor; un compartir de los sufrimientos de Cristo; un tesoro para ella y para su obra tan especial. Al final terminó escribiendo: «He llegado a amar las tinieblas. Porque creo que forman parte, una parte muy pequeña, de las tinieblas y el sufrimiento que Jesús experimentó en la tierra».[38]

Una pregunta para meditar

¿Qué tesoros son posibles que se escondan en las tinieblas o en las dificultades por las que pasas hoy en tu propia vida?

Fe, Confianza y esperanza

Oración

Padre, enséñame a confiar en ti, aunque me sienta solo, y creer que tú estás durmiendo en la barca mientras rugen las tormentas a mi alrededor. Despiértame a los tesoros que solo se pueden hallar en medio de las tinieblas. Concédeme la gracia de seguirte hasta el

próximo lugar que tú tienes para mí en este viaje llamado «vida».
En el nombre de Jesús, amén.

Termina con un momento de silencio (2 minutos)

DÍA 2: OFICIO DE LA MAÑANA
Y/O DEL MEDIODÍA

Silencio y quietud ante Dios (2 minutos)

Lectura bíblica: Hebreos 12:7-11

> Lo que soportan es para su disciplina, pues Dios los está tratando como a hijos. ¿Qué hijo hay a quien el padre no disciplina? Si a ustedes se les deja sin la disciplina que todos reciben, entonces son bastardos y no hijos legítimos. Después de todo, aunque nuestros padres humanos nos disciplinaban, los respetábamos. ¿No hemos de someternos, con mayor razón, al Padre de los espíritus, para que vivamos? En efecto, nuestros padres nos disciplinaban por un breve tiempo, como mejor les parecía; pero Dios lo hace para nuestro bien, a fin de que participemos de su santidad. Ciertamente, ninguna disciplina, en el momento de recibirla, parece agradable, sino más bien penosa; sin embargo, después produce una cosecha de justicia y paz para quienes han sido entrenados por ella.

Devocional

La mejor forma de comprender la dinámica del sufrimiento es analizar la obra clásica de San Juan de la Cruz titulada *Noche oscura del alma*, escrita hace más de quinientos años. Juan describe el camino espiritual en tres etapas: aprendizaje, progreso y perfección. Para salir de la etapa de aprendizaje, según él sostiene, es necesario recibir el don de Dios que es la noche oscura, o el muro. Esta es nuestra forma ordinaria de crecer en Cristo.

El muro es la forma que Dios tiene de redirigir y «purgar nuestros afectos y pasiones» para que nos podamos deleitar en su amor y entrar en una comunión más rica y plena con él. Dios obra para liberarnos de los apegos insanos y las idolatrías mundanas. Nos quiere comunicar su verdadera dulzura y su amor. Anhela que conozcamos su verdadera paz y su reposo.

Por esta razón, escribió Juan de la Cruz, Dios nos envía «la noche oscura del fuego amoroso» para liberarnos de imperfecciones espirituales como el orgullo (ser crítico e impaciente ante las faltas de los demás), la avaricia (sufrir siempre a causa de la inconformidad), el lujo (complacernos más en nuestras bendiciones espirituales, que en Dios mismo), la ira (volvernos irritados o impacientes con facilidad), la gula espiritual (resistirnos ante la cruz), la envidia espiritual (compararnos siempre con los demás) y la pereza (huir de todo lo difícil).[39]

Una pregunta para meditar

¿Cuáles son los apegos insanos o los ídolos que Dios quiere eliminar de tu vida a fin de llevarte a una comunión más profunda y rica con él?

la pereza

Oración

Señor, en este día te invito a arrancar de mí cuanto apego insano y cuanto ídolo encuentres. Tú prometes en el salmo 32 que me vas a enseñar el camino en el que debo andar. Ayúdame a no ser «como el caballo, o como el mulo, sin entendimiento», sino a colaborar contigo mientras buscas llevarme a la libertad. Guíame a un punto de comunión contigo, donde se encuentren la paz y el reposo verdaderos. En el nombre de Jesús, amén.

Termina con un momento de silencio (2 minutos)

DÍA 2: OFICIO DEL MEDIODÍA
Y/O DE LA NOCHE

Silencio y quietud ante Dios (2 minutos)

Lectura bíblica: Génesis 22:9-12

Cuando llegaron al lugar señalado por Dios, Abraham construyó un altar y preparó la leña. Después ató a su hijo Isaac y lo puso sobre el altar, encima de la leña. Entonces tomó el cuchillo para sacrificar a su hijo, pero en ese momento el ángel del Señor le gritó desde el cielo:

—¡Abraham! ¡Abraham!

—Aquí estoy —respondió.

—No pongas tu mano sobre el muchacho, ni le hagas ningún daño —le dijo el ángel—. Ahora sé que temes a Dios, porque ni siquiera te has negado a darme a tu único hijo.

Devocional

Nos topamos con un muro cuando llega una crisis que pone nuestro mundo al revés. Estos muros no son solo sucesos que nos pasan una sola vez y salimos de ellos. Son problemas a los que regresamos como parte de nuestra relación continua con Dios.

Vemos esto en Abraham, esperando ante el muro de la infertilidad durante veinticinco años, antes que naciera el primer hijo que tuvo con Sara, su esposa. Entre diez y trece años más tarde, Dios lo llevó ante otro muro: la separación de Ismael, su hijo mayor, concebido con Agar, la sierva de Sara. Unos pocos años más tarde, Abraham se tropezó con un tercer muro, cuando Dios le ordenó que sacrificara en el altar a su amado hijo Isaac, por quien había esperado tanto tiempo.

Abraham parece haber atravesado esos muros numerosas veces durante su caminar con Dios. ¿Por qué? Thomas Merton lo explica así:

«Sin intención y sin saberlo, volvemos a caer en las imperfecciones. Los malos hábitos son como raíces vivas, que vuelven a brotar. Es necesario excavar esas raíces para eliminarlas del huerto de nuestra alma... Eso exige la intervención directa de Dios».[40]

Una pregunta para meditar

¿En cuáles cosas o personas tiene sus raíces tu identidad, pero Dios las quiere excavar y eliminar, para que tu identidad sea plantada en él?

La Familia

Oración

Abba Padre, abro mis puños cerrados para someter todo lo que tú me has dado. Restablece mi identidad en ti; no en mi familia, mi trabajo, mis logros, o lo que piensen de mí los demás. Purifícame de aquellas cosas que no se conformen a tu voluntad. Uno por fe mi voluntad a la tuya, para que formes en mí la semejanza con Jesucristo. En su nombre, amén.

Termina con un momento de silencio (2 minutos)

DÍA 3: OFICIO DE LA MAÑANA Y/O DEL MEDIODÍA

Silencio y quietud ante Dios (2 minutos)

Lectura bíblica: Romanos 11:33-36

¡Qué profundas son las riquezas
de la sabiduría y del conocimiento de Dios!
¡Qué indescifrables sus juicios
e impenetrables sus caminos!
«¿Quién ha conocido la mente del Señor,
o quién ha sido su consejero?»

«¿Quién le ha dado primero a Dios,
para que luego Dios le pague?»
Porque todas las cosas proceden de él,
y existen por él y para él.
¡A él sea la gloria por siempre! Amén.

Devocional

Nuestra experiencia ante el muro puede ser fructífera en cuanto a darnos un aprecio mayor por lo que yo llamo el «santo desconocimiento»; el misterio. Este sirve para ampliar nuestra capacidad de esperar en Dios cuando en nuestro interior todo nos está diciendo: «¡Haz algo!».

Hay una vieja historia acerca de un hombre sabio que vivía en una de las grandes fronteras de China. Un día, sin razón aparente, la yegua de un joven huyó y fue atrapada por unos nómadas al otro lado de la frontera. Todo el mundo trataba de consolar al hombre por su mala suerte, pero su padre, que era un hombre sabio, le dijo: «¿Qué te hace estar tan seguro de que esto no sea una bendición?».

Meses más tarde regresó su yegua, trayendo consigo un magnífico semental. Esta vez todo el mundo quería felicitar al hijo por su buena suerte. Pero ahora, su padre le dijo: «¿Qué te hace estar tan seguro de que esto no sea un desastre?».

Su casa quedó enriquecida por aquel excelente caballo que al hijo le encantaba montar, pero un día se cayó de él y se quebró una cadera. De nuevo, todo el mundo lo quiso consolar por su mala suerte, pero su padre le dijo: «¿Qué te hace estar tan seguro de que esto no sea una bendición?».

Un año más tarde los invadieron los nómadas, y les exigieron a todos los hombres en buen estado físico que tomaran su arco y entraran en batalla. Las familias chinas que vivían en la frontera perdieron nueve de cada diez hombres que fueron a pelear. Solo porque el hijo estaba lisiado, tanto él como su padre sobrevivieron para cuidarse mutuamente. Muchas veces, lo que parece ser un éxito o una bendición es en realidad algo terrible; lo que parece un suceso terrible puede terminar resultando una rica bendición.[41]

Una pregunta para meditar

¿Has pasado alguna vez por alguna circunstancia terrible que con el tiempo se ha convertido en una rica bendición?

Oración

Perdóname, Padre, porque a veces te he tratado como si fueras mi asistente o secretario personal. Tus caminos son insondables y se hallan por encima de todo entendimiento. Ayúdame a confiar en ti, y no en las circunstancias. En tu presencia, guardo silencio. En el nombre de Jesús, amén.

Termina con un momento de silencio (2 minutos)

DÍA 3: OFICIO DEL MEDIODÍA Y/O DE LA NOCHE

Silencio y quietud ante Dios (2 minutos)

Lectura bíblica: Job 42:1-6

Job respondió entonces al Señor. Le dijo:

«Yo sé bien que tú lo puedes todo,
	que no es posible frustrar ninguno de tus planes.
"¿Quién es éste —has preguntado—,
	que sin conocimiento oscurece mi consejo?"

Reconozco que he hablado de cosas
    que no alcanzo a comprender,
de cosas demasiado maravillosas
    que me son desconocidas.
» "Ahora escúchame, que voy a hablar —dijiste—;
    yo te cuestionaré, y tú me responderás."
De oídas había oído hablar de ti,
    pero ahora te veo con mis propios ojos.
Por tanto, me retracto de lo que he dicho,
    y me arrepiento en polvo y ceniza ».

Devocional

Job era un hombre íntegro, fiel y sin tacha. Sin embargo, pasó por la catastrófica pérdida de su familia, sus riquezas y su salud, y se encontró frente a un muro, al igual que unos cuantos personajes de las Escrituras. Desde esta lucha con su fe y con Dios, experimentó el amor y la gracia de Dios, y quedó transformado.

Ahora bien, lo creas o no lo creas, un Dios libre como él es para nosotros una amenaza, porque nos despoja de toda nuestra capacidad para controlar o manipular los procesos. Nos deja indefensos, y cambia nuestro lenguaje, de ser un lenguaje de logros y realizaciones, a ser un lenguaje de sometimiento, confianza y vulnerabilidad. [...] Es llamada la «extravagancia» de Dios. No tenemos medio alguno de controlarlo; ni siquiera por medio de nuestra buena conducta, que tiende a ser la primera a la que recurrimos por un instinto natural. [...] Por fortuna, esa libertad total y absoluta, Dios la usa a favor nuestro, aunque nosotros le sigamos teniendo temor. Se llama providencia, perdón, libre albedrío o misericordia. [...] Pero a nosotros nos parece extravagancia, precisamente porque no la podemos controlar, manipular, dirigir, ganar ni perder. Todo el que se trate de dedicar a controlar a Dios por medio de sus acciones, se va a terminar sintiendo muy inútil, impotente e ineficaz.

—Richard Rohr[42]

Una pregunta para meditar

¿Cuáles son las palabras o las frases de la cita anterior de Richard Rohr que te han impresionado más? ¿Por qué?

Oración

Padre, cuando leo todas las etapas de la historia de Job, yo también me siento abrumado por tu «extravagancia». Tus caminos y tus calendarios están muy por encima de mí. Job pasó de oír hablar de ti, a haberte visto. Dirígeme, Señor, por un camino que me lleve a orar tal como él oró: «De oídas te había oído; mas ahora mis ojos te ven» (Job 42:5). En el nombre de Jesús, amén.

Termina con un momento de silencio (2 minutos)

DÍA 4: OFICIO DE LA MAÑANA Y/O DEL MEDIODÍA

Silencio y quietud ante Dios (2 minutos)

Lectura bíblica: Salmos 69:1-3, 15-16

Sálvame, Dios mío,
    que las aguas ya me llegan al cuello.
Me estoy hundiendo en una ciénaga profunda,
    y no tengo dónde apoyar el pie.

Estoy en medio de profundas aguas,
  y me arrastra la corriente.
Cansado estoy de pedir ayuda;
  tengo reseca la garganta.
Mis ojos languidecen,
  esperando la ayuda de mi Dios.
No dejes que me arrastre la corriente;
  no permitas que me trague el abismo,
  ni que el foso cierre sus fauces sobre mí.
Respóndeme, SEÑOR, por tu bondad y tu amor;
  por tu gran compasión, vuélvete a mí.

Devocional

La Biblia presenta a David como un «varón conforme al corazón de Dios»; sin embargo, el texto anterior de las Escrituras nos muestra que su mundo emocional era muy humano y quebrantado. En estos poemas llenos de angustia, desnuda su alma orando a Dios. Aunque con frecuencia lucha con sus circunstancias, David sigue afirmando que Dios es bueno, y que su amor perdura para siempre. Él sabe que los caminos de Dios son más altos y más profundos que los nuestros (Isaías 55:9-10).

En *El paraíso perdido*, John Milton compara la maldad de la historia con una pila de abono, una mezcla de sustancias en proceso de corrupción, como excremento animal, cáscaras de papas, bananas, huevos y hojas secas. Si cubres esto con tierra, al cabo de poco tiempo, adquiere un olor estupendo. La tierra se ha convertido en un rico fertilizante natural, y es tremendamente bien adecuado para la producción de frutas y vegetales, pero tenemos que estar dispuestos a esperar muchas veces durante años.

Lo que Milton está tratando de decir es que los peores sucesos de la historia humana, los que no podemos comprender, incluso el infierno mismo, son abono dentro del maravilloso plan eterno de Dios. De la maldad más grande que hemos tenido en la historia, la muerte de Jesús, nació el mayor de nuestros bienes.

El hecho de que Dios exista no hace menos terrible la maldad que hay en el mundo; no obstante, podemos descansar en él, poniendo nuestras esperanzas en un Dios que es tan grande y soberano, que al final transforma en bien toda la maldad.[43]

Podemos confiar en Dios cuando nos hallemos frente al muro.

Una pregunta para meditar

¿Cómo te está invitando Dios hoy a esperar en él?

Con paciencia, Fe, y esperanza

Oración *confianza*

> *Señor, lléname con la simple confianza de que incluso de la maldad más terrible que me rodee, tú eres capaz de sacar lo mejor para mí, para otros, y para tu gloria. En el nombre de Jesús, amén.*

Termina con un momento de silencio (2 minutos)

DÍA 4: OFICIO DEL MEDIODÍA Y/O DE LA NOCHE

Silencio y quietud ante Dios (2 minutos)

Lectura bíblica: Juan 21:17-19

Por tercera vez Jesús le preguntó:

—Simón, hijo de Juan, ¿me quieres?

A Pedro le dolió que por tercera vez Jesús le hubiera preguntado:

«¿Me quieres?» Así que le dijo:

—Señor, tú lo sabes todo; tú sabes que te quiero.

—Apacienta mis ovejas —le dijo Jesús—. De veras te aseguro que cuando eras más joven te vestías tú mismo e ibas adonde querías; pero cuando seas viejo, extenderás las manos y otro te vestirá y te llevará adonde no quieras ir.

Esto dijo Jesús para dar a entender la clase de muerte con que Pedro glorificaría a Dios. Después de eso añadió:

—¡Sígueme!

Devocional

Jesús tenía esta visión diferente acerca de la madurez: es la capacidad y la buena disposición a dejarnos llevar hacia donde preferiríamos no ir. Inmediatamente después que le encomienda a Pedro que guíe sus ovejas, lo hace enfrentarse con la dura verdad de que el líder-siervo es el líder que es guiado a lugares desconocidos, indeseables y dolorosos. Henri Nouwen lo supo expresar bien:

El camino del líder cristiano no es ese camino de una ascensión continua en el cual nuestro mundo ha invertido tanto, sino el camino de una movilidad descendente que termina en la cruz. [...] La impotencia y la humildad en la vida espiritual no tienen que ver con personas que carecen de columna vertebral y que permiten que todo el mundo decida por ellas. Tienen que ver con personas tan profundamente enamoradas de Jesús, que están dispuestas a seguirle dondequiera que él vaya, confiadas en que con él, van a hallar vida, y la van a hallar en abundancia.[44]

Una pregunta para meditar

En tus propias palabras, háblale a Dios para decirle que estás dispuesto a ir dondequiera que él te lleve. ¿Cuáles son los gozos y/o los temores que acompañan tu disposición?

Oración

> *Padre, reconozco ante ti que no quiero ir por el camino de la impotencia y la humildad. Al igual que Pedro, quiero saber lo que tú estás haciendo con aquellos que me rodean. Te amo. Ayúdame a confiar en ti hoy, el día de mañana y mi vida entera. En el nombre de Jesús, amén.*

Termina con un momento de silencio (2 minutos)

DÍA 5: OFICIO DE LA MAÑANA
Y/O DEL MEDIODÍA

Silencio y quietud ante Dios (2 minutos)

Lectura bíblica: Santiago 1:2-5

> Hermanos míos, considérense muy dichosos cuando tengan que enfrentarse con diversas pruebas, pues ya saben que la prueba de su fe produce constancia. Y la constancia debe llevar a feliz término la obra, para que sean perfectos e íntegros, sin que les falte nada. Si a alguno de ustedes le falta sabiduría, pídasela a Dios, y él se la dará, pues Dios da a todos generosamente sin menospreciar a nadie.

Devocional

Si nunca hubiera tormentas ni nubes en nuestra vida, no tendríamos fe alguna. «Jehová marcha en la tempestad y el torbellino, y las nubes son el polvo de sus pies» (Nahúm 1:3b). Las nubes son señal de la presencia de Dios. ¡Es toda una revelación el llegar a saber que las aflicciones, los dolores y los sufrimientos son en realidad las nubes que acompañan a Dios!

No es cierto decir que Dios nos quiera enseñar algo en nuestras pruebas. A través de cuanta nube ponga en nuestro camino, él quiere que desaprendamos algo. Su propósito al usar la nube es simplificar nuestras creencias, hasta que nuestra relación con él sea exactamente la fe de un niño; una relación que tiene que ver solamente con Dios y con nuestra propia alma, y en la cual las otras personas no son más que sombras. Mientras las demás personas no se conviertan en sombras para nosotros, tendremos nubes y tinieblas de vez en cuando. ¿Es nuestra relación con Dios cada vez más sencilla de lo que ha sido? [...] Mientras no nos enfrentemos cara a cara con los hechos más profundos y tenebrosos de la vida sin dañar nuestra manera de ver el carácter de Dios, no lo habremos conocido aún.

—Oswald Chambers[45]

Una pregunta para meditar
¿Qué quiere Dios que desaprendas en el día de hoy?

Oración

Padre, confieso que cuando llegan a mi vida las dificultades y las pruebas, sean grandes o pequeñas, la mayoría de las veces refunfuño y me quejo. Me doy cuenta de que las pruebas de las cuales habla Santiago no son forzosamente «muros», pero aún así, son difíciles de sobrellevar. Lléname con una visión de lo que es una vida transformada, Dios mío, que llegue realmente a considerar como un «puro gozo» el que tú me pongas pruebas en el camino. Creo, Señor, pero ayuda mi incredulidad. En el nombre de Jesús, amén.

Termina con un momento de silencio (2 minutos)

DÍA 5: OFICIO DEL MEDIODÍA
Y/O DE LA NOCHE

Silencio y quietud ante Dios (2 minutos)

Lectura bíblica: Mateo 26:50b-53

Entonces los hombres se acercaron y prendieron a Jesús. En eso, uno de los que estaban con él extendió la mano, sacó la espada e hirió al siervo del sumo sacerdote, cortándole una oreja.

—Guarda tu espada —le dijo Jesús—, porque los que a hierro matan, a hierro mueren. ¿Crees que no puedo acudir a mi Padre, y al instante pondría a mi disposición más de doce batallones de ángeles?

Devocional

Algunas veces, los muros son las maneras en que Dios nos dice que no. El Evangelio de Juan nos dice que el apóstol Pedro fue el que desenvainó su espada para defender a Jesús por la fuerza. A Pedro se le hacía muy difícil aceptar la negativa de Jesús ante su plan de una vida y un futuro sin crucifixión. En cambio, vemos a David aceptando la respuesta negativa de Dios a su deseo de edificar el Templo (2 Samuel 7). Vemos también el sometimiento de Jesús al no de su Padre, cuando le pidió que apartara de él aquella copa (Mateo 26:37-44).

Te sugiero que uses la siguiente oración, escrita por un soldado confederado desconocido, porque te va a ayudar a aceptar la respuesta de Dios cuando te diga que sí, o que no, en tu caminar con él:

Le pedí fortaleza a Dios para tener éxito,
Y él me hizo débil para que aprendiera a obedecer.
Le pedí salud para poder hacer grandes cosas,
Y me dio enfermedad para que hiciera cosas mejores.

100

Le pedí riquezas para poder ser feliz,

Y me dio pobreza para que pudiera ser sabio.

Le pedí poder cuando era joven, para recibir los elogios de los
    hombres,

Y me dio debilidad para que sintiera que lo necesitaba a él.

Le pedí todas las cosas que me permitieran disfrutar la vida,

Y me dio vida para que pudiera disfrutar todas las cosas.

Casi a pesar de mí mismo, respondió mi muda oración.

De entre todos los seres humanos,

Soy el más ricamente bendecido.

Una pregunta para meditar

¿Cuáles son las palabras de la oración anterior que te han impresionado
más? ¿Por qué?

Oración

*Señor, me identifico con la obstinada naturaleza de Pedro, y con
su lucha por comprender lo que tú le estabas diciendo. Me es difícil comprender la forma en que estás gobernando el universo, y el
lugar que yo ocupo en él. Transforma mi obstinada voluntad, Señor.
Enséñame a esperar en ti. Ayúdame a confiar en ti. En el nombre
de Jesús, amén.*

Termina con un momento de silencio (2 minutos)

Agranda tu alma
a través del dolor
y la pérdida

La pérdida es un lugar donde el autoconocimiento y la transformación poderosa pueden suceder. Prestar atención a nuestras pérdidas aumenta el tamaño de nuestras almas cuando las derramamos delante del Señor (ver Salmos 62:8) y participamos en aquello que Dios quiere hacer en nosotros.

Todos enfrentamos muchas «muertes» dentro de nuestras vidas. Nuestra cultura suele interpretar estas pérdidas y sufrimientos como invasiones alienígenas e interrupciones en nuestra vida «normal». La elección está en saber si estas muertes serán terminales (y aplastarán nuestro espíritu y nuestra vida) o nos abrirán a nuevas posibilidades y profundidades de transformación en Cristo. Perseverar con Jesús durante estos tiempos desafiantes —permanecer y estar en comunión con él— hacen toda una diferencia.

Salmo 62-8

Esperar en Dios el todo el tiempo

RECURSOS ADICIONALES

- *Espiritualidad emocionalmente sana: edición actualizada,* capítulo 5
- *Espiritualidad emocionalmente sana Guía de estudio: edición actualizada,* Sesión 5
- *Espiritualidad emocionalmente sana DVD: edición actualizada,* Sesión 5

DÍA 1: OFICIO DE LA MAÑANA Y/O DEL MEDIODÍA

Silencio y quietud ante Dios (2 minutos)

Lectura bíblica: Mateo 26:36-39

Luego fue Jesús con sus discípulos a un lugar llamado Getsemaní, y les dijo: «Siéntense aquí mientras voy más allá a orar». Se llevó a Pedro y a los dos hijos de Zebedeo, y comenzó a sentirse triste y angustiado. «Es tal la angustia que me invade, que me siento morir —les dijo—. Quédense aquí y manténganse despiertos conmigo».

Yendo un poco más allá, se postró sobre su rostro y oró: «Padre mío, si es posible, no me hagas beber este trago amargo. Pero no sea lo que yo quiero, sino lo que quieres tú».

Devocional

En el huerto de Getsemaní, vemos a Jesús atribulado y abrumado por la angustia... hasta estar a punto de morir. Lo vemos caer tres veces con el rostro en tierra para orar. También vemos al Padre negarse a concederle la petición de que apartara de él aquella copa.

Nosotros queremos seguir a Jesús rumbo a la vida abundante de la resurrección, pero somos menos entusiastas cuando se trata de seguirle hasta el huerto de Getsemaní.

Lament for a Son [Lamento por un hijo], de Nicholas Wolterstorff, es un libro en el cual el autor recoge sus reflexiones y luchas después de la muerte de Eric, su hijo de veinticinco años, en un accidente mientras hacía alpinismo en una montaña austríaca.

Wolterstorff no tiene explicación ni respuesta alguna sobre la razón por la cual Dios había permitido que sucediera una tragedia así. ¿Quién la podría tener? Sin embargo, hay un momento en que hace una profunda reflexión:

> Se dice de Dios que nadie puede contemplar su rostro y vivir. Yo siempre había pensado que esto significaba que nadie puede ver su esplendor y vivir. Un amigo me dijo que tal vez esto significara que nadie podía ver su aflicción y seguir vivo. O tal vez su aflicción sea su esplendor.[46]

Una pregunta para meditar

¿Qué significa para ti orar diciendo: «Pero no sea lo que yo quiero, sino lo que quieres tú»? *ser obedientes*

Oración

Señor, todo mi ser se resiste a seguirte hasta el huerto de Getsemaní para caer en tierra sobre mi rostro delante de ti. Concédeme el valor que necesito para seguirte por todo el camino hasta la cruz, sin importar lo que eso pueda significar para mi vida. Y entonces, por tu gracia, guíame a la vida de resurrección y al poder. En el nombre de Jesús, amén.

Termina con un momento de silencio (2 minutos)

DÍA 1: OFICIO DEL MEDIODÍA Y/O DE LA NOCHE

Silencio y quietud ante Dios (2 minutos)

Lectura bíblica: Job 2:7-10

Dicho esto, Satanás se retiró de la presencia del SEÑOR para afligir a Job con dolorosas llagas desde la planta del pie hasta la

coronilla. Y Job, sentado en medio de las cenizas, tomó un peda-
zo de teja para rascarse constantemente.

Su esposa le reprochó:

—¿Todavía mantienes firme tu integridad? ¡Maldice a Dios
y muérete!

Job le respondió:

—Mujer, hablas como una necia. Si de Dios sabemos recibir
lo bueno, ¿no sabremos también recibir lo malo? A pesar de todo
esto, Job no pecó ni de palabra.

Devocional

Jonathan Edwards, en un famoso sermón sobre el libro de Job, hace notar
que la historia de Job es la historia de todos nosotros. Job lo perdió todo
en un día: su familia, sus riquezas y su salud. La mayoría de nosotros
sufrimos nuestras pérdidas más lentamente, a lo largo de toda la vida,
hasta que nos encontramos a las puertas de la muerte, después de haberlo
dejado todo atrás.[47]

Por definición, una pérdida catastrófica excluye el que haya una
recuperación. Nos transforma o nos destruye, pero nunca nos
deja tal como estábamos antes. No hay posibilidad de regresar
al pasado. [...]

Por tanto, no es cierto que nos volvemos menos que antes con
las pérdidas, a menos que permitamos que la pérdida nos haga
menos de lo que éramos, moliéndonos nuestra alma hasta que no
quede nada de ella. [...] Las pérdidas también nos pueden hacer
más de lo que éramos antes. [...]

Yo no superé la pérdida de mis seres amados; lo que hice fue
absorber la pérdida en mi vida, hasta que terminó convirtiéndose

en parte de quien soy. La aflicción tomó residencia permanente en mi alma y la ensanchó. [...]

Uno aprende lo que sufren los demás a base de sufrir nuestras propias angustias; a base de mirar hacia dentro de mí mismo, de hallar mi propia alma. [...]

Por dolorosa que sea, la angustia es buena para el alma. [...]

El alma es elástica, como los globos. El sufrimiento puede hacer que crezca.

—Jerry Sittser[48]

Una pregunta para meditar

¿Cómo piensas que Dios puede ensanchar tu alma a través de las pérdidas? *Siendo obediente y aceptado su Voluntad*

Oración

Padre, cuando pienso en mis pérdidas, me puedo sentir como si no tuviera una piel que me protegiera. Me siento en carne viva, raspado hasta los huesos. Me ayuda mirar a Job y a Jesús, pero debo admitir que lucho por ver que nace de lo viejo algo nuevo. Ensancha mi alma por medio de las pruebas y las pérdidas de mi vida. En el nombre de Jesús, amén.

Termina con un momento de silencio (2 minutos)

DÍA 2: OFICIO DE LA MAÑANA Y/O DEL MEDIODÍA

Silencio y quietud ante Dios (2 minutos)

Lectura bíblica: 2 Corintios 4:7-11

Pero tenemos este tesoro en vasijas de barro para que se vea que tan sublime poder viene de Dios y no de nosotros. Nos vemos atribulados en todo, pero no abatidos; perplejos, pero no desesperados; perseguidos, pero no abandonados; derribados, pero no destruidos. Dondequiera que vamos, siempre llevamos en nuestro cuerpo la muerte de Jesús, para que también su vida se manifieste en nuestro cuerpo. Pues a nosotros, los que vivimos, siempre se nos entrega a la muerte por causa de Jesús, para que también su vida se manifieste en nuestro cuerpo mortal.

Devocional

Joni Eareckson Tada ha estado paralizada desde el cuello durante más de treinta años. Como resultado, ha experimentado tanto la muerte como la vida de Jesús. Esto es lo que ella dice:

> La cruz es el centro de nuestra relación con Jesús. La cruz es el lugar donde morimos. Vamos a ella todos los días. No es fácil.
>
> Normalmente, estamos dispuestos a seguir a Cristo a todas partes... Como si fuéramos a una fiesta donde él transforma el agua en vino, o a una soleada playa donde predica desde una barca. ¿Pero a la cruz? Nos clavamos en el suelo para no movernos. Su invitación es temiblemente individual. Es una invitación a ir solos.
>
> El sufrimiento nos reduce a la nada y, como observara Søren Kierkegaard: «Dios lo crea todo a partir de la nada. Y todo lo que él va a usar, empieza por reducirlo a la nada». Ser reducido a la nada es ser arrastrado hasta el pie de la cruz. Es una severa misericordia.
>
> Cuando el sufrimiento nos obliga a caer de rodillas al pie de la cruz del Calvario, morimos a nosotros mismos. No nos podemos arrodillar allí durante mucho tiempo, sin liberarnos de nuestro orgullo y nuestra ira; sin seguir aferrados a nuestros sueños y apetitos. [...] A cambio de esto, Dios nos da poder e implanta en nosotros una esperanza nueva y duradera.[49]

Una pregunta para meditar

¿De qué maneras está haciendo Dios que caigas de rodillas ante él por medio de las dificultades y los reveses de tu vida?

Oración

Señor, todo mi ser se rebela ante la idea de ir hasta el pie de la cruz, donde tú vas a arrancar de raíz todo aquello que no sea tuyo en mí. Ayúdame a no temer las «muertes» que hagan falta para que yo sea transformado en una persona libre que te ame a ti, y también ame a los demás. Señor, ten misericordia de mí. En el nombre de Jesús, amén.

Termina con un momento de silencio (2 minutos)

DÍA 2: OFICIO DEL MEDIODÍA Y/O DE LA NOCHE

Silencio y quietud ante Dios (2 minutos)

Lectura bíblica: Salmos 22:1-5

Dios mío, Dios mío,

¿por qué me has abandonado?

Lejos estás para salvarme,

lejos de mis palabras de lamento.

Dios mío, clamo de día y no me respondes;

clamo de noche y no hallo reposo.

Pero tú eres santo, tú eres rey,

¡tú eres la alabanza de Israel!

En ti confiaron nuestros padres;

confiaron, y tú los libraste;

a ti clamaron, y tú los salvaste;

se apoyaron en ti, y no los defraudaste.

Devocional

En la década de 1870, Horatio Spafford era un famoso abogado de Chicago, gran amigo del evangelista Dwight L. Moody. Spafford había hecho fuertes inversiones en bienes raíces, pero el fuego de Chicago de 1871 barrió con todas sus propiedades. Su hijo había fallecido poco antes del desastre. Spafford y su familia necesitaban un descanso con urgencia, así que en 1873 hizo planes para viajar a Europa con su esposa Anna y sus cuatro hijas. Sin embargo, antes que se hicieran a la mar, el desarrollo de un negocio de último minuto obligó a Horatio a regresar a su trabajo. Como no quería arruinar las vacaciones de su familia, Spafford persuadió a su familia para que se fuera, tal como lo habían planificado, con la intención de reunirse con ellas más tarde.

Una vez decidido esto, Spafford regresó a Chicago, mientras que Anna y sus cuatro hijas partían en barco rumbo a Europa. Lamentablemente, su barco chocó con un barco inglés y se hundió en solo doce minutos. El accidente costó la vida de doscientas veintiséis personas. Anna Spafford se había mantenido valientemente en pie sobre la cubierta, mientras sus hijas Annie, Maggie, Bessie y Tanetta se aferraban a ella con desesperación. Lo último que recordó de aquel desastre era que la fuerza de las aguas le había arrebatado de los brazos a la más pequeña. Solo nueve días más tarde, Spafford recibió un telegrama que le envió su esposa desde Gales. Decía: «Única a salvo». Cuando Horatio Spafford cruzaba el océano para reunirse con su afligida esposa, el barco pasó cerca del lugar donde sus cuatro hijas se habían sumergido en las profundidades del océano. Allí, en medio de su dolor, escribió «It Is Well with My Soul» («Todo está bien en mi alma»). Las palabras del himno compuesto por Spafford les han servido de consuelo a muchos en su aflicción:

111

De paz inundada mi senda ya esté

O cúbrala un mar de aflicción,

cualquiera que sea mi suerte, diré:

Estoy bien, tengo paz, ¡gloria a Dios!

Estoy bien (estoy bien)

gloria a Dios (gloria a Dios)

Tengo paz en mi ser, ¡gloria a Dios!

Ya venga la prueba o me tiente Satán,

No amengua mi fe ni mi amor;

Pues Cristo comprende mis luchas, mi afán

Y su sangre obrará en mi favor.[50]

Una pregunta para meditar

¿Qué es lo que más te conmueve de Spafford y su relación con Cristo?

Oración

Padre, ante una pérdida y un sufrimiento tan imposibles de imaginar, lo único que puedo hacer es postrarme ante ti. Me uno con Spafford, y oro a ti para repetir: «Cualquiera que sea mi suerte, diré: Estoy bien, tengo paz, ¡gloria a Dios!». En el nombre de tu Hijo Jesús, amén.

Termina con un momento de silencio (2 minutos)

DÍA 3: OFICIO DE LA MAÑANA Y/O DEL MEDIODÍA

Silencio y quietud ante Dios (2 minutos)

Lectura bíblica: Eclesiastés 3:1-8

Todo tiene su momento oportuno; hay un tiempo para todo lo que se hace bajo el cielo:

un tiempo para nacer, y un tiempo para morir;

un tiempo para plantar, y un tiempo para cosechar;

un tiempo para matar, y un tiempo para sanar;

un tiempo para destruir, y un tiempo para construir;

un tiempo para llorar, y un tiempo para reír;

un tiempo para estar de luto, y un tiempo para saltar de gusto;

un tiempo para esparcir piedras, y un tiempo para recogerlas;

un tiempo para abrazarse, y un tiempo para despedirse;

un tiempo para intentar, y un tiempo para desistir;

un tiempo para guardar, y un tiempo para desechar;

un tiempo para rasgar, y un tiempo para coser;

un tiempo para callar, y un tiempo para hablar;

un tiempo para amar, y un tiempo para odiar;

un tiempo para la guerra, y un tiempo para la paz.

Devocional

Nosotros no tenemos control sobre las estaciones del año; simplemente, suceden. El invierno, la primavera, el verano y el otoño nos llegan, tanto si queremos como si no. Su ritmo es para nosotros una enseñanza acerca de nuestra vida espiritual y de los caminos de Dios. Piensa en la siguiente descripción de la paradoja que forman la muerte y el nuevo nacimiento en la naturaleza y en nuestra vida:

El otoño es una estación de gran belleza, pero también es una estación de deterioro y disminución: los días se van haciendo más cortos, la luz es más tenue, y la abundancia del verano va en decadencia, rumbo a la muerte del invierno... En mi propia experiencia sobre el otoño, pocas veces estoy consciente de que se estén sembrando las semillas... Pero cuando exploro la paradoja del otoño donde todo va muriendo y al mismo tiempo se está sembrando esas semillas, siento el poder de la metáfora. En los sucesos de tipo otoñal por los que he pasado, me he solido detener en las apariencias superficiales: en la pérdida del sentido, en el deterioro de relaciones, en la muerte de un trabajo. Y sin embargo, si miro más adentro, puedo ver la infinidad de posibilidades que se están sembrando para que den fruto en alguna estación futura.

Al mirar al pasado, puedo notar en mi propia vida lo que en aquellos momentos no había podido ver: cómo el trabajo que perdí me ayudó a encontrar el trabajo que necesitaba hacer; cómo el letrero de «camino cerrado» me hizo dirigirme a un terreno por el que necesitaba pasar; cómo las pérdidas que me parecieron irremediables me obligaron a discernir unos significados que necesitaba conocer. En la superficie, daba la impresión de que la vida se iba empequeñeciendo, pero silenciosa y profusamente, siempre se estaban sembrando las semillas de una vida nueva.

—Parker Palmer[51]

Una pregunta para meditar

¿Cuál es el letrero de «camino cerrado» que tienes delante de ti en el día de hoy, que puede ser la forma en que Dios te va a cambiar de dirección para llevarte a algo nuevo? Esperar en Dios

Oración

Señor, concédeme sabiduría y prudencia para ver la misión más amplia, para que espere y para que discierna las estaciones de mi vida contigo. Perdóname por pelear contra las «muertes» que tú envías a mi vida con el fin de sembrar algo nuevo en ella. En el nombre de Jesús, amén.

Termina con un momento de silencio (2 minutos)

DÍA 3: OFICIO DEL MEDIODÍA
Y/O DE LA NOCHE

Silencio y quietud ante Dios (2 minutos)

Lectura bíblica: Juan 3:26-30

Aquéllos fueron a ver a Juan y le dijeron:

—Rabí, fíjate, el que estaba contigo al otro lado del Jordán, y de quien tú diste testimonio, ahora está bautizando, y todos acuden a él.

—Nadie puede recibir nada a menos que Dios se lo conceda —les respondió Juan—. Ustedes me son testigos de que dije: "Yo no soy el Cristo, sino que he sido enviado delante de él." El que tiene a la novia es el novio. Pero el amigo del novio, que está a su lado y lo escucha, se llena de alegría cuando oye la voz del novio. Ésa es la alegría que me inunda. A él le toca crecer, y a mí menguar.

Devocional

El hecho de sufrir una pérdida nos hace enfrentarnos a nuestra humanidad y a nuestras limitaciones. Pronto nos damos cuenta de que no tenemos el control de nuestra vida: lo tiene Dios. Nosotros solo somos criaturas; no somos el Creador.

Piensa en el ejemplo Juan el Bautista. Las multitudes que antes lo habían seguido en busca de su bautismo cambiaron de lealtad cuando Jesús comenzó su ministerio. Empezaron a dejar a Juan para seguir a Jesús. Algunos de los seguidores de Juan estaban molestos ante este drástico cambio en las circunstancias. Y se quejaron diciéndole: «Todos acuden a él» (Juan 3:26).

Juan comprendía sus limitaciones, y por eso les contestó: «Nadie puede recibir nada a menos que Dios se lo conceda» (Juan 3:27). Estaba dispuesto a aceptar sus limitaciones, su humanidad y la disminución de su popularidad, e incluso a decir: «A él le toca crecer, y a mí menguar» (Juan 3:30).

Es imprescindible que nos bajemos de nuestro trono para unirnos al resto de la humanidad, para poder desarrollar una madurez espiritual. Nosotros no somos el centro del universo. Y el universo no gira alrededor de nuestra persona.

Sin embargo, en nosotros hay algo que detesta las limitaciones. No las queremos aceptar. Esta es una de las razones principales por las que afligirnos de una manera bíblica por nuestras pérdidas constituye una parte indispensable en nuestra madurez espiritual.

Pocas cosas nos hacen más humildes que la aceptación de nuestras limitaciones.[52]

Una pregunta para meditar

Menciona una o dos limitaciones que Dios haya puesto recientemente en tu vida como regalos. **Enfermedades**

Oración

Señor, perdóname la arrogancia que ve las interrupciones de mis planes como invasiones extrañas. Perdóname el que esté tratando constantemente de hacer más de lo que tú quieres hacer con mi vida. Ayúdame a ser como Juan el Bautista, aceptar mis pérdidas y respetar mis limitaciones. En el nombre de Jesús, amén.

Termina con un momento de silencio (2 minutos)

DÍA 4: OFICIO DE LA MAÑANA Y/O DEL MEDIODÍA

Silencio y quietud ante Dios (2 minutos)

Lectura bíblica: 2 Samuel 1:17-20, 24-25

David compuso este lamento en honor de Saúl y de su hijo Jonatán. Lo llamó el «Cántico del Arco» y ordenó que lo enseñaran a los habitantes de Judá. Así consta en el libro de Jaser:

«¡Ay, Israel! Tu gloria yace herida
en las alturas de los montes.
¡Cómo han caído los valientes!
»No lo anuncien en Gat
ni lo pregonen en las calles de Ascalón,
para que no se alegren las filisteas
ni lo celebren esas paganas.
»¡Ay, mujeres de Israel! Lloren por Saúl,
que las vestía con lujosa seda carmesí
y las adornaba con joyas de oro.
»¡Cómo han caído los valientes en batalla!
Jonatán yace muerto en tus alturas.

Devocional

David no solo cantó esta lamentación, sino que también le ordenó al pueblo que la aprendiera, la memorizara y la internalizara.

El sufrimiento no es lo peor que hay. Tampoco lo es el que alguien nos odie. Ni estar separados de la persona que amamos. Ni siquiera la muerte. La peor de todas las cosas es no enfrentarnos a la realidad y desconectarnos de esa realidad. La peor de todas las cosas es la trivialización de lo honorable; la profanación de lo sagrado.

Lo que yo hago con mi aflicción afecta lo que tú haces con la tuya. Juntos, formamos una comunidad que se tiene que enfrentar a la muerte y a otras pérdidas dentro del contexto de la soberanía de Dios, que se expresa de manera definitiva en la resurrección. [...]

No nos convertimos en seres humanos maduros a base de tener suerte, o de dar un ingenioso rodeo para evitar las pérdidas, y ciertamente, menos aún a base de evitar las situaciones o de distraer la atención con respecto a ellas. Aprende a lamentar. Aprende esta lamentación. Al fin y al cabo, somos mortales. Tú, y yo, y todos los que nos rodean, estamos programados para morir (mors, mortis). Acostúmbrate a la idea. Toma tu cruz. Ella es la que nos prepara, tanto a nosotros como a los que tenemos a nuestro alrededor, para la resurrección.

—Eugene Peterson[53]

Una pregunta para meditar

¿Qué podría significar para ti madurar a base de adentrarte en la dolorosa realidad de tus pérdidas, en lugar de evadirlas? *Aceptación*

Oración *en Todo*

Señor, me he pasado gran parte de mi vida huyendo del sufrimiento y de las pérdidas, medicándome en mis dolores para pasar con rapidez al siguiente proyecto, una nueva exigencia urgente. Te pido la gracia de poder aceptar todo lo que hay en la vida: los gozos y los sufrimientos, las muertes y los nacimientos, lo antiguo y lo nuevo. En el nombre de Jesús, amén.

Termina con un momento de silencio (2 minutos)

DÍA 4: OFICIO DEL MEDIODÍA
Y/O DE LA NOCHE

Silencio y quietud ante Dios (2 minutos)

Lectura bíblica: Lucas 19:41-44

Cuando se acercaba a Jerusalén, Jesús vio la ciudad y lloró por ella. Dijo:

—¡Cómo quisiera que hoy supieras lo que te puede traer paz! Pero eso ahora está oculto a tus ojos. Te sobrevendrán días en que tus enemigos levantarán un muro y te rodearán, y te encerrarán por todos lados. Te derribarán a ti y a tus hijos dentro de tus murallas. No dejarán ni una piedra sobre otra, porque no reconociste el tiempo en que Dios vino a salvarte.

Devocional

La palabra griega usada para describir a Jesús mientras lloraba sobre Jerusalén es la que identifica a una persona que está gimiendo o sollozando. ¡Imagínate esa escena!

Lamentablemente, muchos de nosotros, a diferencia del Señor, nos sentimos culpables cuando expresamos con franqueza sentimientos como la aflicción y la ira. El problema está en que cuando negamos nuestro dolor, nuestras pérdidas y nuestros sentimientos año tras año, nos transformamos lentamente en cascarones vacíos con una cara sonriente pintada por fuera. Pero cuando comenzamos a permitirnos sentir una gama más amplia de emociones (entre ellas la tristeza, la depresión, el temor y la ira), se produce un profundo cambio en nuestra relación con Dios. Ken Gire escribió lo que sigue:

C. S. Lewis dijo que «le debemos llevar a Dios lo que está en nosotros, y no lo que debería estar en nosotros». Los «debería» impiden que digamos la verdad. También impiden que sintamos la verdad. Sobre todo, la verdad acerca de nuestro sufrimiento. [...]

Cuando Jesús se dio cuenta de lo cercana que estaba su propia muerte, se fue a un lugar tranquilo para orar. [...] Se nos dice que agonizó «con fuerte clamor y lágrimas» (Hebreos 5:7). También se nos dice que se postró en el suelo, donde oró con gran fervor y sudó profundamente (Lucas 22:44).

No se trata de ninguna pintura renacentista. Es un retrato real; un retrato de la forma en que debemos orar cuando comienza a temblar la tierra debajo de nuestros pies. Oramos de la forma que podemos, y con las palabras que podemos. Oramos con nuestro sudor; con nuestras lágrimas. Y con cuantos amigos tengamos que estén dispuestos a sentarse con nosotros en medio de las tinieblas.[54]

Una pregunta para meditar

¿Cómo cambiaría tu vida de oración el que le llevaras a Dios lo que tienes realmente dentro de ti, y no lo que tú crees que deberías tener?

Ser sinseros

Oración

Abba Padre, admito que muchas veces siento temor y vergüenza y me cuesta decirte abiertamente todo lo que me está pasando por dentro... aun a pesar de que tú lo conoces de todas formas. Enséñame el aspecto que tiene la valentía en la oración cuando me acerco al trono de tu gracia. En el nombre de Jesús, amén.

Termina con un momento de silencio (2 minutos)

DÍA 5: OFICIO DE LA MAÑANA Y/O DEL MEDIODÍA

Silencio y quietud ante Dios (2 minutos)

Lectura bíblica: Hebreos 5:7-8

En los días de su vida mortal, Jesús ofreció oraciones y súplicas con fuerte clamor y lágrimas al que podía salvarlo de la muerte, y fue escuchado por su reverente sumisión. Aunque era Hijo, mediante el sufrimiento aprendió a obedecer.

Devocional

En nuestra cultura casi se ha perdido la capacidad de aflicción. La gente usa el trabajo, la televisión, las drogas, el alcohol, las compras, los excesos en la comida, la agitación, las aventuras sexuales, las relaciones insanas, e incluso el servicio a los demás en la iglesia; lo que sea, con tal de medicar los sufrimientos de la vida. Año tras año, negamos y evitamos las dificultades y las pérdidas de la vida, los rechazos y las frustraciones. Cuando llega a nuestra vida una pérdida, nos enojamos con Dios, y tratamos lo que está sucediendo como si se tratara de una invasión extraterrestre.

Esto es contrario a las Escrituras, y constituye una negación de nuestra humanidad. Piensa en los ejemplos siguientes: Los hebreos expresaban en la antigüedad sus lamentaciones rasgando sus vestiduras y cubriéndose de cilicio y cenizas. Jesús mismo «ofreció oraciones y súplicas con fuerte clamor y lágrimas». Durante la generación de Noé, Dios se afligió por el estado de la humanidad (Génesis 6). Jeremías escribió seis confesiones o lamentaciones en las cuales le protestaba a Dios por las circunstancias en las que estaba viviendo. Entonces, después de la caída de Jerusalén, escribió todo un libro que lleva el nombre de Lamentaciones.

La reacción al estilo de Dios ante las pérdidas no consiste en buscarles el lado positivo, ni en cubrirlas. Las Escrituras nos enseñan a enfrentarnos a esas pérdidas y a esas desilusiones (grandes y pequeñas), y a todas las confusas emociones que las acompañan, con sinceridad y en ambiente de oración. ¿Por qué? Porque las pérdidas son indispensables para que podamos cambiar y crecer hasta llegar a ser los hombres y las mujeres que Dios nos ha llamado a ser.[55]

Una pregunta para meditar

¿De qué maneras te sientes tentado a darles un sesgo positivo a tus pérdidas, o a cubrirlas, y perderte así el que Dios obre más profundamente en ti?

Oración

Señor, reconozco que prefiero ignorar y negar mis sufrimientos y mis pérdidas. Me cuesta trabajo ver cómo puede surgir de la muerte una vida de resurrección. Concédeme la valentía suficiente para prestar atención a lo que tú estás haciendo, y para esperar en ti, aun en esos casos en lo que todo lo que quisiera hacer es salir huyendo. En el nombre de Jesús, amén.

Termina con un momento de silencio (2 minutos)

DÍA 5: OFICIO DEL MEDIODÍA
Y/O DE LA NOCHE

Silencio y quietud ante Dios (2 minutos)

Lectura bíblica: Job 42:12-17

El Señor bendijo más los últimos años de Job que los primeros, pues llegó a tener catorce mil ovejas, seis mil camellos, mil yuntas de bueyes y mil asnas. Tuvo también catorce hijos y tres hijas. A la primera de ellas le puso por nombre Paloma, a la segunda la llamó Canela, y a la tercera, Linda. No había en todo el país mujeres tan bellas como las hijas de Job. Su padre les dejó una herencia, lo mismo que a sus hermanos.

Después de estos sucesos Job vivió ciento cuarenta años. Llegó a ver a sus hijos, y a los hijos de sus hijos, hasta la cuarta generación. Disfrutó de una larga vida y murió en plena ancianidad.

Devocional

Una buena lamentación no consiste simplemente en dejar ir lo perdido, sino en permitir también que esa pérdida nos bendiga. Eso fue lo que hizo Job.

En realidad, la vida anterior de Job había terminado. Esa puerta permanecía cerrada. Esa es la fuente de la gran angustia que surge de las pérdidas que sufrimos. Son acontecimientos definitivos. No podemos recuperar lo que hemos perdido. Sin embargo, si seguimos el camino de Job, Dios nos bendecirá. Esa es una de las principales lecciones que Job nos da. Él siguió el difícil camino de permitir que sus pérdidas le ensancharan el alma para Dios, y Dios lo bendijo de una manera sobreabundante. No solo quedó espiritualmente transformado, sino que el Señor lo bendijo con una nueva prosperidad. Sus riquezas quedaron duplicadas, Dios le dio de nuevo otros diez hijos, y murió «en plena ancianidad».

Este relato lleva el propósito de animarnos a confiar en el Dios viviente en esas numerosas «mini–muertes» por las que pasamos durante nuestra vida. El mensaje central de Cristo es que el sufrimiento y la muerte traen consigo la resurrección y la transformación. Jesús mismo dijo: «Ciertamente les aseguro que si el grano de trigo no cae en tierra y muere, se queda solo. Pero si muere, produce mucho fruto» (Juan 12:24).

Pero recuerda: la resurrección solo surge de la muerte; de una muerte real. Nuestras pérdidas son reales, y también lo es nuestro Dios, el Dios vivo.[56]

Una pregunta para meditar

¿Cómo está llegando Dios hasta ti a través de las «mini–muertes» por las que estás pasando en tu vida ahora mismo?

Oración

Señor, después de las pérdidas de Job, tú le diste prosperidad, bendiciéndolo con el doble de lo que había tenido antes, pero yo no he sentido siempre que esa haya sido mi experiencia. Dame paciencia. Ayúdame a confiar en ti y esperar en ti, sobre todo en aquellos aspectos de mi vida en los cuales no tengo ni idea de lo que estás haciendo, cuándo van a terminar mis apuros, o dónde me estás llevando. En el nombre de Jesús, amén.

Termina con un momento de silencio (2 minutos)

Descubre los ritmos del Oficio Diario y el Sabbat

6

Muchos de nosotros estamos ansiosos por desarrollar nuestra relación con Dios. Pero estamos muy ocupados. Y si no estamos ocupados, nos sentimos culpables por estar desperdiciando nuestro tiempo y por ser improductivos. Tenemos dificultades para hacer una pausa y estar con Jesús para cultivar nuestra experiencia directa de Dios.

Pero Dios nos está ofreciendo una manera de enraizar profundamente nuestras vidas en él. Esto se puede encontrar en dos disciplinas antiguas que se remontan a miles de años atrás: el Oficio Diario y el Sabbat. Cuando se ubican en el cristianismo de la actualidad, el Oficio Diario y el Sabbat son actos innovadores y contraculturales que van en contravía del ritmo vertiginoso de la cultura occidental. Nos ofrecen un ritmo para estar con Dios en nuestro mundo caótico, permitiéndonos permanecer en sintonía con la presencia de Dios a lo largo de nuestros días y semanas.

RECURSOS ADICIONALES

- *Espiritualidad emocionalmente sana: edición actualizada*, capítulo 6
- *Espiritualidad emocionalmente sana Guía de estudio: edición actualizada*, Sesión 7
- *Espiritualidad emocionalmente sana DVD: edición actualizada*, Sesión 8

DÍA 1: OFICIO DE LA MAÑANA
Y/O DEL MEDIODÍA

Silencio y quietud ante Dios (2 minutos)

Lectura bíblica: Lucas 8:11-15

«Este es el significado de la parábola: La semilla es la palabra de Dios. Los que están junto al camino son los que oyen, pero luego viene el diablo y les quita la palabra del corazón, no sea que crean y se salven. Los que están sobre las piedras son los que reciben la palabra con alegría cuando la oyen, pero no tienen raíz. Estos creen por algún tiempo, pero se apartan cuando llega la prueba. La parte que cayó entre espinos son los que oyen, pero, con el correr del tiempo, los ahogan las preocupaciones, las riquezas y los placeres de esta vida, y no maduran. Pero la parte que cayó en buen terreno son los que oyen la palabra con corazón noble y bueno, y la retienen; y como perseveran, producen una buena cosecha.

Devocional

El hecho de estar conscientes del amor de Dios, y responder a ese amor, se encuentra en el centro mismo de nuestras vidas.

Todos los momentos y todos los sucesos que se producen en la vida de todo ser humano que hay sobre la tierra, siembran algo en su alma. Porque así como el viento lleva consigo miles de semillas, también cada momento trae consigo los gérmenes de una vitalidad espiritual que llega a posarse de manera imperceptible en la mente y la voluntad de los hombres. La mayoría de estas incontables semillas perecen y se pierden, porque los hombres no están preparados para recibirlas: porque semillas como estas no pueden

127

brotar en ningún lugar que no sea el buen suelo de la libertad, la espontaneidad y el amor.

Esta idea no es nueva. Cristo nos dijo hace mucho tiempo, en la parábola del sembrador que «La semilla es la Palabra de Dios». Muchas veces, nosotros pensamos que esto solo se aplica a las palabras del Evangelio, tal como se predican formalmente en las iglesias los domingos... Sin embargo, toda expresión de la voluntad de Dios es en cierto sentido una «palabra» de Dios, y por tanto, una «semilla» de vida nueva. La realidad siempre cambiante en medio de la cual vivimos, nos debería despertar a la posibilidad de un diálogo ininterrumpido con Dios...

Necesitamos aprender a darnos cuenta de que el amor de Dios nos busca en todas las situaciones, y lo que busca es nuestro bien.

—Thomas Merton[57]

Una pregunta para meditar

Detente un momento a reflexionar sobre tu día. ¿Cuáles semillas te podrían estar llegando de parte de Dios que no te quieres perder?

Oración   Saber Perdonar, y amar con Fuerza

Señor, te alabo, porque tu amor busca mi bien en todas y cada una de mis situaciones. Perdóname por las semillas que he desperdiciado. Ablándame el corazón para que me someta a tu voluntad sobre mí y a través de mí. En el nombre de Jesús, amén.

Termina con un momento de silencio (2 minutos)

DÍA 1: OFICIO DEL MEDIODÍA Y/O DE LA NOCHE

Silencio y quietud ante Dios (2 minutos)

Lectura bíblica: Génesis 2:9b, 15-17

En medio del jardín hizo crecer el árbol de la vida y también el árbol del conocimiento del bien y del mal. Dios el SEÑOR tomó al hombre y lo puso en el jardín del Edén para que lo cultivara y lo cuidara, y le dio este mandato: «Puedes comer de todos los árboles del jardín, pero del árbol del conocimiento del bien y del mal no deberás comer. El día que de él comas, ciertamente morirás».

Devocional

En el centro mismo de las disciplinas del Oficio Diario y del Sabbat se encuentra el detenernos para someternos confiadamente a Dios. La desconfianza es la esencia misma del pecado que tuvo lugar en el huerto del Edén. Adán y Eva trabajaban y disfrutaban legítimamente sus logros en el huerto. No obstante, Dios los había llamado a aceptar sus limitaciones y no comer del árbol del conocimiento del bien y del mal. No estaban destinados a ver y conocer aquello que solo le pertenece al Dios Omnipotente.

Como sostiene el teólogo Robert Barron, el núcleo del pecado original es el hecho de negarnos a aceptar el ritmo que Dios tiene para nosotros. La esencia de que hayamos sido creados por Dios a su imagen, es nuestra capacidad de detenernos, como Dios. Imitamos a Dios cuando paramos de trabajar para descansar. Si podemos detenernos un día a la semana, o un mini–Sabbat cada día (un Oficio Diario), estaremos tocando algo muy dentro de nosotros como portadores de la imagen de Dios. Nuestro cerebro, cuerpo, espíritu y emociones han sido preparados todos por Dios para el ritmo de trabajar y descansar en él. Detenernos para un Oficio Diario o para el Sabbat no significa añadir otra obligación a nuestra agenda ya apretada. Es una forma totalmente nueva de estar en el mundo, reorientando todos nuestros días hacia un nuevo destino: Dios mismo.[58]

Una pregunta para meditar

¿Cómo escuchas la invitación a «detenerte para someterte confiado a Dios» en el día de hoy?

Oración

> Señor, ayúdame a aferrarme hoy a ti. Te necesito. Libérame para que comience a reorientar mi vida alrededor de ti, y solamente de ti. Ayúdame a prestarle atención y darle honor a la forma tan única en que me has hecho. Gracias por el don de ese reposo. En el nombre de Jesús, amén.

Termina con un momento de silencio (2 minutos)

DÍA 2: OFICIO DE LA MAÑANA Y/O DEL MEDIODÍA

Silencio y quietud ante Dios (2 minutos)

Lectura bíblica: 1 Reyes 19:11-12

El Señor le ordenó:

—Sal y preséntate ante mí en la montaña, porque estoy a punto de pasar por allí.

Como heraldo del Señor vino un viento recio, tan violento que partió las montañas e hizo añicos las rocas; pero el Señor no estaba en el viento. Al viento lo siguió un terremoto, pero el Señor tampoco estaba en el terremoto. Tras el terremoto vino un fuego, pero el SEÑOR tampoco estaba en el fuego. Y después del fuego vino un suave murmullo.

Devocional

Cuando Dios se le apareció a Elías después que este huyó de Jezabel y se encontraba en medio de una depresión suicida, le dijo que se pusiera en pie y esperara a que su presencia pasara junto a él. En aquella ocasión, Dios no se apareció de las formas en que se había manifestado en el pasado. No estaba en el viento, como en el caso de Job, ni en el terremoto, como cuando entregó los Diez Mandamientos en el monte Sinaí, ni tampoco en el fuego, como en la zarza ardiente que vio Moisés. A Elías se le reveló en un «suave murmullo», expresión que también se puede traducir como «el sonido de un auténtico silencio». La traducción más frecuente de este pasaje no capta en su plenitud el significado original del hebreo, pero ¿qué podían hacer los traductores? ¿Cómo se puede escuchar el silencio?

El silencio después del caos, tanto para Elías como para nosotros, se encuentra lleno de la presencia de Dios. Y Dios le habló a Elías desde ese silencio.[59]

Dios te invita a ponerte en pie para esperar, como a Elías. ¿Por qué? Porque también te quiere hablar a ti desde «el sonido de un auténtico silencio».

Una pregunta para meditar

¿Cuándo puedes apartar un tiempo para guardar un silencio extenso y sin interrupciones, con el fin de oír a Dios?

Oración

Señor, tú sabes lo difícil que es para mí permanecer en silencio ante ti. A veces me parece casi imposible, teniendo en cuenta las exigencias, las distracciones y los ruidos que me rodean por completo. Te invito a llevarme a un lugar tranquilo y silencioso delante de ti; a un lugar donde yo te pueda oír, como te oyó Elías. En el nombre de Jesús, amén.

Termina con un momento de silencio (2 minutos)

DÍA 2: OFICIO DEL MEDIODÍA Y/O DE LA NOCHE

Silencio y quietud ante Dios (2 minutos)

Lectura bíblica: Juan 15:4-6

«Permanezcan en mí, y yo permaneceré en ustedes. Así como ninguna rama puede dar fruto por sí misma, sino que tiene que permanecer en la vid, así tampoco ustedes pueden dar fruto si no permanecen en mí.

»Yo soy la vid y ustedes son las ramas. El que permanece en mí, como yo en él, dará mucho fruto; separados de mí no pueden ustedes hacer nada. El que no permanece en mí es desechado y se seca, como las ramas que se recogen, se arrojan al fuego y se queman».

Devocional

Cuando estamos más ocupados de lo que Dios nos exige que estemos, nos estamos haciendo violencia a nosotros mismos. Thomas Merton comprendió esto y escribió:

En el mundo contemporáneo hay una forma muy extendida de violencia [...] el activismo y el exceso de trabajo. La agitación y las presiones de la vida moderna son una forma, tal vez la más corriente, de esta violencia innata. Dejarse arrastrar por una multitud de preocupaciones conflictivas, someterse a demasiadas exigencias. Comprometerse a demasiados proyectos, querer ayudar a todo el mundo en todo, es sucumbir ante la violencia. El frenesí [...] mata la raíz de la sabiduría interna que hace fructífera nuestra labor.[60]

Y cuando nos hacemos esta violencia a nosotros mismos, somos incapaces de amar a los demás en el amor de Cristo y por medio de él.

Una pregunta para meditar

¿En qué sentido estás más ocupado de lo que Dios te exige?

Oración

Padre, yo sé con cuanta frecuencia me dejo llevar por demasiadas preocupaciones, exigencias y proyectos. He sentido la violencia que esto le hace a mi alma. Libérame de este torbellino que me rodea y que llevo dentro. Sana mi cansado y exhausto espíritu, permitiendo que la sabiduría que surge del hecho de descansar en ti fluya profundamente dentro de mí. En el nombre de Jesús, amén.

Termina con un momento de silencio (2 minutos)

DÍA 3: OFICIO DE LA MAÑANA Y/O DEL MEDIODÍA

Silencio y quietud ante Dios (2 minutos)

Lectura bíblica: Salmos 46:1-3, 10

Dios es nuestro amparo y nuestra fortaleza,
nuestra ayuda segura en momentos de angustia.
Por eso, no temeremos
aunque se desmorone la tierra

y las montañas se hundan en el fondo del mar;
    aunque rujan y se encrespen sus aguas,
    y ante su furia retiemblen los montes. Selah
«Quédense quietos, reconozcan que yo soy Dios.
    ¡Yo seré exaltado entre las naciones!
    ¡Yo seré enaltecido en la tierra!»

Devocional

Son muchos los que buscan con avidez, pero solo encuentran aquellos que se mantienen en un silencio continuo. [...] Todo aquel hombre que se deleita en la multitud de palabras, aunque diga cosas admirables, está vacío por dentro. Si amas la verdad, ama el silencio. El silencio, como la luz del sol, te va a iluminar en Dios y a librar de los fantasmas de la ignorancia. El silencio te va a unir a Dios mismo. [...]

Ama al silencio más que a todas las demás cosas: el silencio produce un fruto que la lengua no puede describir. Al principio, nos tenemos que obligar a mantenernos en silencio. Pero entonces, nace algo que nos atrae hacia el silencio. Que Dios te permita experimentar ese «algo» que nace del silencio. Solo si lo practicas, la consecuencia va a ser que te amanecerá una luz inefable [...] después que nazca en tu corazón una cierta dulzura que llevará consigo este ejercicio y tu cuerpo se verá llevado, casi por la fuerza, a permanecer en silencio.

—Isaac de Nínive[61]

Una pregunta para meditar
¿Qué te impide que te mantengas en silencio?

Oración

Señor, ayúdame a estar tranquilo y a esperarte pacientemente en medio del silencio. En el nombre de Jesús, amén.

Termina con un momento de silencio (2 minutos)

DÍA 3: OFICIO DEL MEDIODÍA Y/O DE LA NOCHE

Silencio y quietud ante Dios (2 minutos)

Lectura bíblica: Mateo 13:31-33

Les contó otra parábola: «El reino de los cielos es como un grano de mostaza que un hombre sembró en su campo. Aunque es la más pequeña de todas las semillas, cuando crece es la más grande de las hortalizas y se convierte en árbol, de modo que vienen las aves y anidan en sus ramas».

Les contó otra parábola más: «El reino de los cielos es como la levadura que una mujer tomó y mezcló en una gran cantidad de harina, hasta que fermentó toda la masa».

Devocional

En estas dos parábolas que describen el Reino de Dios, oímos que Jesús nos llama a ir más lento y dedicar más tiempo para analizar nuestra propia vida.

Podemos trabajar sin parar, cada vez más rápido, mientras las luces eléctricas hacen el día artificial para que todas las maquinarias puedan trabajar sin cesar. Pero recuerda: no hay criatura viva alguna que viva de esa manera. Hay ritmos mayores que gobiernan la forma en que crece nuestra vida: estaciones y atardeceres y grandes movimientos de los mares y las estrellas. [...] Formamos

135

parte de la historia de la creación, sujetos a todas sus leyes y a todos sus ritmos.

Someternos a los ritmos de las estaciones y los floreceres y la inactividad es saborear el secreto de la vida misma.

Son muchos los científicos que creen que estamos «programados» de esta manera, para vivir conscientes de los ritmos; para estar dentro y después salir; para quedarnos absortos y después desprendernos; para trabajar, y después descansar. De aquí se sigue que el mandamiento de guardar el Sabbat no es una molesta exigencia hecha por alguna deidad legisladora, «Tienes que, te conviene, debes», sino más bien el recuerdo de una ley que se encuentra firmemente arraigada en la urdimbre misma de la naturaleza.

Es un recordatorio de cómo son las cosas en realidad; esa rítmica danza a la cual pertenecemos de manera inevitable.

— Wayne Muller[62]

Una pregunta para meditar
¿Cómo te hablan los ritmos que ves en la naturaleza (por ejemplo, la primavera, el verano, el otoño, el invierno, el día, la noche) para señalarte la clase de ritmos que deseas para tu propia vida?

Oración
Señor, te doy gracias porque tú estás obrando, incluso cuando yo estoy durmiendo. Enséñame a respetar los ritmos de vida que has programado en mí, y a vivir a partir de un lugar de profundo descanso en ti. En el nombre de Jesús, amén.

Termina con un momento de silencio (2 minutos)

DÍA 4: OFICIO DE LA MAÑANA
Y/O DEL MEDIODÍA

Silencio y quietud ante Dios (2 minutos)

Lectura bíblica: Marcos 2:23-28

Un sábado, al cruzar Jesús los sembrados, sus discípulos comenzaron a arrancar a su paso unas espigas de trigo.

—Mira —le preguntaron los fariseos—, ¿por qué hacen ellos lo que está prohibido hacer en el sábado?

Él les contestó:

—¿Nunca han leído lo que hizo David en aquella ocasión, cuando él y sus compañeros tuvieron hambre y pasaron necesidad? Entró en la casa de Dios cuando Abiatar era el sumo sacerdote, y comió los panes consagrados a Dios, que solo a los sacerdotes les es permitido comer. Y dio también a sus compañeros.

»El sábado se hizo para el hombre, y no el hombre para el sábado —añadió—. Así que el Hijo del hombre es Señor incluso del sábado».

Devocional

El Sabbat no depende de que nosotros estemos dispuestos a detenernos. En realidad, no nos detenemos cuando terminamos. No nos detenemos cuando terminamos una llamada telefónica, o un proyecto, o acabamos de revisar una pila de mensajes, o sacar ese informe que tenemos que presentar mañana. Nos detenemos, porque es hora de que nos detengamos.

El Sabbat exige sometimiento. Si solo nos detenemos cuando hayamos terminado todo nuestro trabajo, nunca nos detendremos, porque nunca lo habremos terminado por completo. Con cada logro, surge una nueva responsabilidad. [...] Si nos negamos el descanso hasta que hayamos terminado, nunca descansaremos mientras estemos vivos. El Sabbat disuelve la urgencia artificial de nuestros días, porque nos libera de la necesidad de haber terminado. [...]

Nos detenemos, porque hay fuerzas mayores que nosotros, que son las que cuidan del universo y, aunque nuestros esfuerzos sean importantes, necesarios y útiles, no son indispensables, como tampoco lo somos nosotros. Algún día, la galaxia se las arreglará sin nosotros para esta hora y este día, de manera que se nos invita; mejor dicho, se nos ordena, que nos relajemos y que disfrutemos de nuestra falta relativa de importancia, nuestro humilde lugar en la mesa de un mundo muy grande. [...]

No te sientas ansioso por el día de mañana; esto es lo que Jesús nos dijo una y otra vez. Deja que te sea suficiente con el trabajo de este día...

El Sabbat dice: Quédate tranquilo. Para. No hay prisa alguna por llegar al final, porque nunca habremos acabado.

— Wayne Muller[63]

Una pregunta para meditar
¿Cuál es tu mayor temor a detenerte durante un período de veinticuatro horas por semana?

Oración
Señor, guardar el Sabbat me va a exigir una gran cantidad de cambios en mi manera de vivir la vida. Enséñame, Señor, a dar el siguiente paso en esto de una manera que esté de acuerdo con mi personalidad y mi situación, que son únicas. Ayúdame a confiar en ti en cuanto a todo lo que quede sin terminar, y a disfrutar de mi

humilde lugar en tu mundo tan inmenso. En el nombre de Jesús, amén.

Termina con un momento de silencio (2 minutos)

DÍA 4: OFICIO DEL MEDIODÍA Y/O DE LA NOCHE

Silencio y quietud ante Dios (2 minutos)

Lectura bíblica: Salmos 92:1–6

> ¡Cuán bueno, SEÑOR, es darte gracias
>> y entonar, oh Altísimo, salmos a tu nombre;
> proclamar tu gran amor por la mañana,
>> y tu fidelidad por la noche,
> al son del decacordio y de la lira;
>> al son del arpa y del salterio!
> Tú, SEÑOR, me llenas de alegría con tus maravillas;
>> por eso alabaré jubiloso las obras de tus manos.
> Oh SEÑOR, ¡cuán imponentes son tus obras,
>> y cuán profundos tus pensamientos!
> Los insensatos no lo saben,
>> los necios no lo entienden.

Devocional

El salmo 92 es un cántico compuesto para el Sabbat. Hoy en día mantiene una posición que es una condenación de la cultura actual de agotamiento y destrucción. También nos presenta una visión positiva de la observancia del Sabbat que nos lleva mucho más allá de un descanso después de seis días de un esfuerzo frenético y excesivo. El Sabbat es el centro focal y la culminación de una vida que está dedicada a diario y de una manera práctica a honrar a Dios.

Abraham Joshua Heschel hizo en una ocasión la observación siguiente: «A menos que uno aprenda a saborear el Sabbat mientras se halla aún en este mundo; a menos que esté iniciado en la valoración de la vida eterna, no va a ser capaz de disfrutar el sabor de eternidad que tendrá el mundo futuro».

Somos simplemente ingenuos si pensamos que después de haber desperdiciado o desperdigado los numerosos buenos dones de esta creación, no vayamos a hacer lo mismo con los dones del cielo. Bajo este punto de vista, la práctica del Sabbat es una especie de campo de entrenamiento para la vida de la eternidad; una preparación para la recepción y aceptación plena de la presencia de Dios.

— Norman Wirzba[64]

Una pregunta para meditar

¿Cómo te podría proporcionar un sabor de eternidad el guardar el Sabbat (durante todo un período de veinticuatro horas) o la práctica del Oficio Diario (un mini–Sabbat que dure unos pocos minutos)?

Oración

Señor, muéstrame la forma de recibir tu presencia en mi vida, no solo un día por semana, sino todos los días. Entréname para la eternidad. Concédeme el poder probar el cielo a través de la experiencia del reposo del Sabbat. En el nombre de Jesús, amén.

Termina con un momento de silencio (2 minutos)

DÍA 5: OFICIO DE LA MAÑANA Y/O DEL MEDIODÍA

Silencio y quietud ante Dios (2 minutos)

Lectura bíblica: Salmos 23:1-3

El SEÑOR es mi pastor, nada me falta;
en verdes pastos me hace descansar.
Junto a tranquilas aguas me conduce;
me infunde nuevas fuerzas.
Me guía por sendas de justicia
por amor a su nombre.

Devocional

El Sabbat nos enseña la gracia, porque nos conecta de manera experiencial con la verdad básica de que nada que nosotros hagamos nos puede ganar el amor de Dios. Mientras estemos trabajando fuerte, usando nuestros dones para servir a los demás, experimentando el gozo en nuestro trabajo al mismo tiempo que el esfuerzo, siempre correremos el peligro de creer que nuestras acciones son las que desencadenan el amor que Dios nos tiene. Solo cuando nos detenemos, y nos detenemos de verdad, les estamos enseñando a nuestro corazón y nuestra alma que él nos ama, sin que esto tenga que ver con lo que nosotros hagamos.

Durante el Sabbat, tenemos la oportunidad de respirar hondo para echar una mirada a nuestra propia vida. Dios está obrando durante todos los minutos de nuestros días, pero nosotros raras veces nos damos cuenta. Para darse cuenta hay que detenerse de manera deliberada, y el Sabbat nos proporciona esa oportunidad. En el Sabbat podemos dedicar un momento a contemplar la

141

belleza de una hoja de arce, creada con gran cuidado por nuestro amoroso Creador. [...]

Sin tiempo para detenernos, no podremos notar la presencia de la mano de Dios en nuestra vida, practicar la gratitud, salirnos de los valores de nuestra cultura, o explorar nuestras añoranzas más profundas. Sin tiempo para descansar, socavaremos seriamente nuestra capacidad para experimentar el amor y la aceptación incondicionales de Dios. El Sabbat es un don cuyas bendiciones no nos es posible encontrar en ningún otro lugar.

—Lynne Baab[65]

Una pregunta para meditar

¿Cómo le vas a permitir a Dios que te guíe hasta las «tranquilas aguas» del reposo esta semana, de tal manera que experimentes su amor y su aceptación incondicionales?

Oración

Señor, ahora mismo voy a respirar hondo y detenerme. Con demasiada frecuencia dejo de ver tu mano y tus dones en mi vida porque estoy preocupado y ansioso. Dame el poder necesario para hacer una pausa cada día y cada semana, con el solo propósito de descansar en tus amorosos brazos. En el nombre de Jesús, amén.

Termina con un momento de silencio (2 minutos)

DÍA 5: OFICIO DEL MEDIODÍA
Y/O DE LA NOCHE

Silencio y quietud ante Dios (2 minutos)

Lectura bíblica: Deuteronomio 5:12-15

«Observa el día sábado, y conságraselo al SEÑOR tu Dios, tal como él te lo ha ordenado. Trabaja seis días, y haz en ellos todo lo que tengas que hacer, pero observa el séptimo día como día de reposo para honrar al SEÑOR tu Dios. No hagas en ese día ningún trabajo, ni tampoco tu hijo, ni tu hija, ni tu esclavo, ni tu esclava, ni tu buey, ni tu burro, ni ninguno de tus animales, ni tampoco los extranjeros que vivan en tus ciudades. De ese modo podrán descansar tu esclavo y tu esclava, lo mismo que tú. Recuerda que fuiste esclavo en Egipto, y que el Señor tu Dios te sacó de allí con gran despliegue de fuerza y de poder. Por eso el SEÑOR tu Dios te manda observar el día sábado».

Devocional

El propósito del Sabbat fue moldear nuestras vidas como las de un pueblo liberado. El cuarto mandamiento señala un día de descanso, incluso para las personas que hayan sido esclavizadas.

La razón que da Deuteronomio para guardar el Sabbat es que nuestros antepasados pasaron cuatrocientos años en Egipto sin descansar jamás (Deuteronomio 5:15). No tuvieron ni un solo día libre. La consecuencia era que ya no los consideraban como personas, sino como esclavos. Manos. Unidades de trabajo. No personas creadas a imagen de Dios, sino como equipo para hacer ladrillos y construir pirámides. La humanidad había quedado desfigurada.

—Eugene Peterson[66]

143

La observancia del Sabbat está pensada para que experimentes la verdad de que no eres una «máquina de hacer cosas», sino un hijo o hija profundamente amado por Dios. Él no está interesado en usarte para que quede hecho un trabajo, sino que se deleita en ti. Por eso te proporciona un tiempo libre una vez por semana, para que pue... disfrutar de tu libertad de todas las formas de opresión y de esclavitud...

Una pregunta para meditar

¿Cómo te daría la visión de celebrar el Sabbat la verdad de que Dios no te quiere usar, sino disfrutar de ti?

Oración

¡Señor, ciertamente el Sabbat es un don increíble! Gracias, porque no hay nada que yo pueda hacer para ganarme tu amor, sino que me llega sin condiciones. Mientras cierro los ojos durante estos pocos minutos ante ti, todo lo que te puedo decir es: ¡Gracias! En el nombre de Jesús, amén.

Termina con un momento de silencio (2 minutos)

144

Crece como un adulto emocionalmente maduro

OFICIOS DIARIOS

Séptima semana

Ser un adulto cristiano emocionalmente maduro es reconocer que amar bien es la esencia de la verdadera espiritualidad. Fuera de nuestra conexión con Dios, y con nosotros mismos, aprendemos de Jesús una verdad simple pero poderosa: que amar a Dios y amar a los demás es algo que sucede en una unión irrompible (Mateo 22:37-40).

Pero ser emocionalmente maduro requiere aprender, practicar e integrar habilidades como hablar respetuosamente, escuchar con empatía, negociar los conflictos de una manera equitativa, y descubrir las expectativas ocultas que tenemos de los demás... solo para nombrar algunas.

También requiere renovación y transformación permanentes, algo que el Oficio Diario nos ayuda a hacer al colocarnos regularmente en presencia de Dios. Cuando permanecemos en presencia de Dios, él nos suaviza para que seamos más generosos. Y lo más importante, recibimos el amor de Dios de tal manera que somos capaces de darlo a los que nos rodean.

RECURSOS ADICIONALES

- *Espiritualidad emocionalmente sana: edición actualizada,* capítulo 7
- *Espiritualidad emocionalmente sana Guía de estudio: edición actualizada,* Sesión 7
- *Espiritualidad emocionalmente sana DVD: edición actualizada,* Sesión 7

DÍA 1: OFICIO DE LA MAÑANA Y/O DEL MEDIODÍA

Silencio y quietud ante Dios (2 minutos)

Lectura bíblica: Lucas 9:49-55

—Maestro —intervino Juan—, vimos a un hombre que expulsaba demonios en tu nombre; pero como no anda con nosotros, tratamos de impedírselo.

—No se lo impidan —les replicó Jesús—, porque el que no está contra ustedes está a favor de ustedes.

Como se acercaba el tiempo de que fuera llevado al cielo, Jesús se hizo el firme propósito de ir a Jerusalén. Envió por delante mensajeros, que entraron en un pueblo samaritano para prepararle alojamiento; pero allí la gente no quiso recibirlo porque se dirigía a Jerusalén. Cuando los discípulos Jacobo y Juan vieron esto, le preguntaron:

—Señor, ¿quieres que hagamos caer fuego del cielo para que los destruya?

Pero Jesús se volvió a ellos y los reprendió.

Devocional

Olvidamos con frecuencia que las personas que Jesús escogió para que formaran el grupo de líderes de su iglesia, no eran ni espiritual ni emocionalmente maduras. Al igual que nosotros, tenían muchas cosas que aprender.

Pedro, su líder principal, tenía un gran problema con la boca y estaba lleno de contradicciones. Su hermano Andrés era callado y solía permanecer detrás del escenario. Jesús llamó a Santiago y a Jacobo «hijos del trueno», porque eran agresivos, impulsivos, ambiciosos e intolerantes. Felipe era escéptico y negativo. Tenía una visión limitada. Su observación

147

«¿Dónde vamos a comprar pan para que coma esta gente?» resume su falta de fe cuando se vio enfrentado al problema de alimentar a los cinco mil. Natanael Bartolomé tenía prejuicios y era testarudo. Mateo era la persona más odiada de Capernaum, y trabajaba en una profesión en la que se abusaba de la gente inocente. Tomás era melancólico, algo depresivo y pesimista. Jacobo hijo de Alfeo, y Judas hijo de Jacobo eran ceros a la izquierda. La Biblia no dice nada acerca de ellos. Simón el Zelote era uno de los terroristas que peleaban por la libertad en sus tiempos. Judas, el tesorero, era ladrón y solitario. Fingió serle leal a Jesús, para después traicionarlo.

Sin embargo, la mayoría de ellos tenían una gran cualidad. Estaban bien dispuestos. Eso es todo lo que Dios pide de nosotros.[67]

Una pregunta para meditar

¿Cuál es el paso que puedes dar para ponerte con todos tus defectos en las manos de Jesús, invitándolo a que te moldee de manera que te convierta en un discípulo espiritual y emocionalmente maduro?

Dispuesto a seguirlo y ser obediente

Oración

> Señor Jesús, yo me puedo identificar con los discípulos que querían que bajara fuego del cielo sobre los samaritanos, y que peleaban entre ellos para ver cuál era el mayor. Perdona mi arrogancia. Purifícame y lléname de tu poder, de manera que sea capaz de amar bien hoy en tu nombre. Amén.

Termina con un momento de silencio (2 minutos)

DÍA 1: OFICIO DEL MEDIODÍA
Y/O DE LA NOCHE

Silencio y quietud ante Dios (2 minutos)

Lectura bíblica: Marcos 5:30-34

Al momento también Jesús se dio cuenta de que de él había salido poder, así que se volvió hacia la gente y preguntó:

—¿Quién me ha tocado la ropa?

—Ves que te apretuja la gente —le contestaron sus discípulos—, y aun así preguntas: "¿Quién me ha tocado?"

Pero Jesús seguía mirando a su alrededor para ver quién lo había hecho. La mujer, sabiendo lo que le había sucedido, se acercó temblando de miedo y, arrojándose a sus pies, le confesó toda la verdad.

—¡Hija, tu fe te ha sanado! —le dijo Jesús—. Vete en paz y queda sana de tu aflicción.

Devocional

Como adultos cristianos emocionalmente maduros, reconocemos que amar bien es la esencia de la verdadera espiritualidad. Esto exige de nosotros que experimentemos una conexión con Dios, con nosotros mismos y con las demás personas. Dios nos invita a practicar su presencia en nuestra vida diaria. Al mismo tiempo nos invita a «practicar la presencia de las demás personas» dentro de una consciencia de su presencia en nuestras relaciones diarias. Lo lamentable es que raras veces estas dos cosas van juntas.

La profunda vida contemplativa de oración que tenía con su Padre tenía por consecuencia una presencia también contemplativa con la gente. El amor es «revelarle a otra persona su propia belleza», como escribió Jean Vanier. Jesús hizo eso con todas y cada una de las personas

149

con las que tuvo un encuentro. Lo vemos en su interacción con la mujer que había estado sufriendo durante doce años de un problema de sangramiento (Marcos 5).

Esta capacidad para escuchar realmente y prestarles atención a las personas se hallaba en el centro mismo de la misión de Jesús, y no pudo menos que moverlo a compasión. De igual manera, a partir de nuestro tiempo de contemplación con Dios, nosotros también estamos invitados a estar presentes en oración ante las personas, revelándoles su propia belleza.

Lamentablemente, los líderes religiosos de los tiempos de Jesús, los «líderes de la iglesia» de aquellos tiempos, nunca llegaron a realizar esta conexión.[68]

Una pregunta para meditar

¿Cómo puedes «practicar la presencia de las personas» hoy dentro de los confines de tu consciencia de la presencia de Dios?

Oración

Señor, tengo unas maneras poco sanas de relacionarme con los demás, que se hallan profundamente grabadas en mí. Te ruego que me transformes. Hazme un vaso dedicado a propagar un amor maduro, constante y digno de confianza, de manera que aquellos con los que entre en contacto puedan sentir a través de mí tu ternura y tu bondad. En el nombre de Jesús, amén.

Termina con un momento de silencio (2 minutos)

DÍA 2: OFICIO DE LA MAÑANA Y/O DEL MEDIODÍA

Silencio y quietud ante Dios (2 minutos)

Lectura bíblica: Lucas 15:20b-24

«Todavía estaba lejos cuando su padre lo vio y se compadeció de él; salió corriendo a su encuentro, lo abrazó y lo besó. El joven le dijo: "Papá, he pecado contra el cielo y contra ti. Ya no merezco que se me llame tu hijo." Pero el padre ordenó a sus siervos: "¡Pronto! Traigan la mejor ropa para vestirlo. Pónganle también un anillo en el dedo y sandalias en los pies. Traigan el ternero más gordo y mátenlo para celebrar un banquete. Porque este hijo mío estaba muerto, pero ahora ha vuelto a la vida; se había perdido, pero ya lo hemos encontrado." Así que empezaron a hacer fiesta».

Devocional

En la famosa parábola del hijo pródigo, la forma en que Jesús describe al padre nos permite ver un destello de lo que significa para nosotros ser unos adultos emocionalmente maduros.

La iglesia está repleta de «hijos menores» que se apartan del amor de Dios cada vez que él no cumple con sus expectativas. También está llena de «hermanos mayores» que son airados, amargados y gruñones. Yo los conozco bien a los dos. Y me identifico con ambos.

Con todo, la gente anda buscando con desesperación a unos padres y madres en la fe que sean capaces de aceptar, amar, identificarse, estar presentes y perdonar gratuitamente. Es un amor sin condiciones, algo de lo que el mundo conoce muy poco. Convertirnos en esta clase de personas es algo que no nos viene de manera natural. Henri Nouwen escribió:

Yo me tengo que arrodillar ante el Padre, poner mi oído en su pecho y escuchar sin interrupción los latidos del corazón de Dios. Entonces, y solo entonces, puedo decir con cuidado y de manera muy bondadosa lo que oigo. Ahora sé que tengo que hablar desde la eternidad hasta el tiempo; desde el gozo perdurable hasta las realidades pasajeras de nuestra existencia breve en este mundo; desde la casa del amor hasta las casas del temor; desde el lugar donde habita Dios hasta los lugares donde habitan los seres humanos.[69]

Una pregunta para meditar

¿Cuáles son las palabras de la cita de Nouwen acerca del hijo pródigo que más te impresionan a ti personalmente?   Papá, el pecados

Contra ti, y contra el cielo

Oración

Padre, ayúdame a estar quieto para poderte escuchar, sentir tu abrazo y descansar en tu amor, y después hablarles a los demás desde ese lugar. En el nombre de Jesús, amén.

Termina con un momento de silencio (2 minutos)

DÍA 2: OFICIO DEL MEDIODÍA Y/O DE LA NOCHE

Silencio y quietud ante Dios (2 minutos)

Lectura bíblica: Salmos 130

A ti, SEÑOR, elevo mi clamor
    desde las profundidades del abismo.
Escucha, SEÑOR, mi voz.
Estén atentos tus oídos a mi voz suplicante.

Si tú, SEÑOR, tomaras en cuenta los pecados,
    ¿quién, SEÑOR, sería declarado inocente?
Pero en ti se halla perdón,
    y por eso debes ser temido.
Espero al SEÑOR, lo espero con toda el alma;
    en su palabra he puesto mi esperanza.
Espero al SEÑOR con toda el alma,
    más que los centinelas la mañana.
Como esperan los centinelas la mañana,
    así tú, Israel, espera al SEÑOR.
Porque en él hay amor inagotable;
    en él hay plena redención.
Él mismo redimirá a Israel
    de todos sus pecados.

Devocional

Yo puedo «esperar en el Señor» con respecto a algo: una nueva oportunidad, bendiciones para mis hijos, la sanidad de una amistad, o un viaje sin incidentes fuera de la ciudad. Pero me es mucho más difícil «esperar en el Señor» con respecto a nada; limitarme a permanecer quieto ante él. Sin embargo, esta es una de las claves para saber amar bien a los demás.

Aunque muchas veces trato de lograrlo, sé que en realidad no puedo estar presente para otra persona cuando mi mundo interior está repleto de preocupaciones y de distracciones. Este es uno de los mayores retos a los que me enfrento en cuanto a estar presente para ayudar a los demás: el de estar quieto dentro de mi propia alma. La quietud es la condición previa a la presencia. Primero debo estar quieto en mí mismo, si necesito estar quieto con otra persona. Y por supuesto, debo aprender a estar quieto ante Dios si quiero aprender

153

a estar quieto en mí mismo. La presencia comienza con un lugar de quietud dentro de nosotros mismos. Si yo no tengo un lugar de quietud, en realidad no puedo estar presente para los demás.

—David Benner[70]

Una pregunta para meditar
¿Cuál es el mayor de los retos a los que te enfrentas en cuanto a estar quieto ante el Señor?

Oración
Señor, te confieso que no estoy seguro de lo que es calmar y aquietar mi alma ante ti. Llévame en un viaje en el que descubra ese lugar de quietud dentro de mí mismo, y te seguiré hacia donde me guíes, y de la manera que lo hagas. En el nombre de Jesús, amén.

Termina con un momento de silencio (2 minutos)

DÍA 3: OFICIO DE LA MAÑANA Y/O DEL MEDIODÍA

Silencio y quietud ante Dios (2 minutos)

Lectura bíblica: Mateo 25:34-36, 40
«Entonces dirá el Rey a los que estén a su derecha: "Vengan ustedes, a quienes mi Padre ha bendecido; reciban su herencia, el reino preparado para ustedes desde la creación del mundo. Porque tuve hambre, y ustedes me dieron de comer; tuve sed, y me dieron de beber; fui forastero, y me dieron alojamiento; necesité ropa, y me vistieron; estuve enfermo, y me atendieron; estuve en la cárcel, y me visitaron." El Rey les responderá: "Les aseguro que todo lo que hicieron por uno de mis hermanos, aun por el más pequeño, lo hicieron por mí"».

Devocional

En 1952, la Madre Teresa comenzó a recoger a los moribundos en las calles de Calcuta, en la India. Ya en 1980, tanto ella como las más de tres mil integrantes de las Misioneras de la Caridad, la congregación religiosa que ella fundó, estaban trabajando en cincuenta y dos países. Sus enseñanzas y su vida nos dan una profunda idea de lo que significa seguir a Jesús como personas emocional y espiritualmente adultas en nuestro mundo. Escribe la Madre Teresa:

> Yo nunca considero que las masas sean responsabilidad mía. Solo tengo en cuenta a la persona individual. A las personas, solo las puedo amar de una en una. Solo las puedo alimentar una en una. Solo una, otra y otra. Nos acercamos más a Cristo cuando nos acercamos entre nosotros. Él mismo dijo: «Todo lo que hicieron por uno de mis hermanos, aun por el más pequeño, lo hicieron por mí». Así comienzas [...] yo comienzo. Escogí a una persona. [...] Toda esa obra es solo una gota en medio del océano. Pero si no ponemos allí esa gota, el océano tendría una gota menos. Lo mismo para contigo. Lo mismo con tu familia. Lo mismo en la iglesia donde vas. Comienza... ¡uno, otro, otro! Al final de nuestras vidas, Dios no nos va a juzgar por la cantidad de diplomas que hayamos obtenido, ni por el dinero que hayamos acumulado, ni por la cantidad de grandes cosas que hayamos hecho. Se nos juzgará a partir de esto: «Tuve hambre y me diste de comer. Necesité ropa y me vistieron. No tenía un techo y me recibieron».[71]

Una pregunta para meditar

¿Cómo puedes comenzar a ver a Cristo en las personas con las que te encuentres durante esta semana?

Oración

Señor, muchas veces me abruman las necesidades que hay en el mundo que me rodea. Gracias porque tú eres el responsable de este mundo, y no yo. Ayúdame a ver hoy a las personas individualmente, ese «uno, y otro y otro», de manera que las palabras y las acciones que broten de mi vida puedan reflejar tu vida. En el nombre de Jesús, amén.

Termina con un momento de silencio (2 minutos)

DÍA 3: OFICIO DEL MEDIODÍA Y/O DE LA NOCHE

Silencio y quietud ante Dios (2 minutos)

Lectura bíblica: Lucas 10:30-37

Jesús respondió:

—Bajaba un hombre de Jerusalén a Jericó, y cayó en manos de unos ladrones. Le quitaron la ropa, lo golpearon y se fueron, dejándolo medio muerto. Resulta que viajaba por el mismo camino un sacerdote quien, al verlo, se desvió y siguió de largo. Así también llegó a aquel lugar un levita, y al verlo, se desvió y siguió de largo. Pero un samaritano que iba de viaje llegó donde estaba el hombre y, viéndolo, se compadeció de él. Se acercó, le curó las heridas con vino y aceite, y se las vendó. Luego lo montó sobre su propia cabalgadura, lo llevó a un alojamiento y lo cuidó. Al día siguiente, sacó dos monedas de plata y se las dio al dueño del alojamiento. "Cuídemelo —le dijo—, y lo que gaste usted de más, se lo pagaré cuando yo vuelva". ¿Cuál de estos tres piensas que demostró ser el prójimo del que cayó en manos de los ladrones?

—El que se compadeció de él —contestó el experto en la ley.

—Anda entonces y haz tú lo mismo —concluyó Jesús.

Devocional

El gran teólogo judío Martin Buber describió la relación más sana o madura que es posible entre dos seres humanos como una relación «Yo–Tú». En una relación así, yo reconozco que he sido hecho por Dios a su imagen, y que también lo han sido todas las demás personas. Esto convierte a cada una de ellas en un «Tú» para mí. Tienen dignidad y son valiosas, y las debo tratar con respeto. Las reafirmo como seres humanos únicos y separados, distintos a mí.

No obstante, en la mayor parte de nuestras relaciones humanas, tratamos a las personas como objetos; como un «eso-objeto». En una relación «Yo–eso-objeto», te trato a ti como un medio para alcanzar un fin, de la misma manera que podría tratar a un cepillo de dientes o un auto. Les hablo a las personas para desahogarme; no para estar con ellas como seres individuales. Hablo acerca de la gente; las figuras de autoridad, las personas que presentan en los noticieros, y demás, como si fueran subhumanas. Me siento frustrado cuando no se ajustan a mis planes, o cuando no ven las cosas de la manera en que yo las veo.

El sacerdote y el levita no hicieron la conexión en la cual la madurez emocional (saber amar bien) y el amor de Dios son inseparables. No supieron descubrir el «Tú» que estaba tirado al lado del camino, y se limitaron a pasar de largo.[72]

Una pregunta para meditar

Dedica un momento a pensar en las personas con las que te vas a encontrar hoy. ¿Cómo se verían las cosas si te tomaras tu tiempo para tratar a cada una de ellas como un «tú», y no como un «eso-objeto»?

Oración

Señor Jesucristo, Hijo de Dios, ten misericordia de mí. Señor, estoy consciente de la frecuencia con la que trato a las personas como un «ello». Cristo, ayúdame a ver con tus ojos y tu corazón a cada una de las personas con las que me encuentre. En el nombre de Jesús, amén.

Termina con un momento de silencio (2 minutos)

DÍA 4: OFICIO DE LA MAÑANA Y/O DEL MEDIODÍA

Silencio y quietud ante Dios (2 minutos)

Lectura bíblica: Lucas 7:36-39

Uno de los fariseos invitó a Jesús a comer, así que fue a la casa del fariseo y se sentó a la mesa. Ahora bien, vivía en aquel pueblo una mujer que tenía fama de pecadora. Cuando ella se enteró de que Jesús estaba comiendo en casa del fariseo, se presentó con un frasco de alabastro lleno de perfume. Llorando, se arrojó a los pies de Jesús, de manera que se los bañaba en lágrimas. Luego se los secó con los cabellos; también se los besaba y se los ungía con el perfume.

Al ver esto, el fariseo que lo había invitado dijo para sí: «Si este hombre fuera profeta, sabría quién es la que lo está tocando, y qué clase de mujer es: una pecadora».

Devocional

El fariseo no vio a la mujer pecadora como un ser humano amado por Dios. La vio como una pecadora, una interrupción, y una persona sin derecho a sentarse a la mesa a cenar. Jesús la vio de una manera muy diferente.

El amor brota de la consciencia. Solo en la medida en que veas a alguien como es en el momento, y no como lo ves en tu memoria, o en tu deseo o en tu imaginación, o cómo quieres verlo, lo podrás amar realmente. De lo contrario, no será la persona a la que vas a amar, sino a la idea que te has formado de esa persona, como objeto de tus deseos, no como es ella en sí misma.

Por tanto, el primer acto del amor consiste en ver a esta persona o este objeto, esta realidad, tal como es de verdad. Y esto exige la enorme disciplina de dejar a un lado tus deseos, tus prejuicios, tus recuerdos, tus proyecciones, tu manera selectiva de mirar; una disciplina tan grande que la mayoría de las personas preferirían tirarse de cabeza a realizar buenas obras y de servicios, a que someterse al ardiente fuego de este ascetismo. [...] De manera que el primer ingrediente del amor es ver realmente al otro.

El segundo ingrediente es igualmente importante: te tienes que ver a ti mismo; iluminar sin contemplaciones con la luz de tu consciencia tus motivos, tus emociones, tus necesidades, tu falta de sinceridad, tu tendencia a buscar lo que te conviene a ti, tu tendencia a controlar y a manipular.

—Anthony de Mello[73]

Una pregunta para meditar

¿Qué te distrae a veces de tal manera que no puedas ver a la gente con la que estás como es en realidad?

Oración

Señor, tú me has perdonado mucho más de lo que yo sabré jamás. Sin embargo, me puedo identificar con el fariseo de este relato. Ayúdame a dejar de apresurarme y estar presente contigo y con los demás, para que pueda ver realmente a las personas tal como las ves tú. En el nombre de Jesús, amén.

Termina con un momento de silencio (2 minutos)

DÍA 4: OFICIO DEL MEDIODÍA
Y/O DE LA NOCHE

Silencio y quietud ante Dios (2 minutos)

Lectura bíblica: Marcos 10:41-44

Los otros diez, al oír la conversación, se indignaron contra Jacobo y Juan. Así que Jesús los llamó y les dijo:

—Como ustedes saben, los que se consideran jefes de las naciones oprimen a los súbditos, y los altos oficiales abusan de su autoridad. Pero entre ustedes no debe ser así. Al contrario, el que quiera hacerse grande entre ustedes deberá ser su servidor, y el que quiera ser el primero deberá ser esclavo de todos.

Devocional

Jesús enseñó que el reino de Dios es un reino al revés. Los discípulos siguieron pensando en el modelo mundano del poder sobre el pueblo, y no en el modelo de poder de Jesús para el pueblo: el de servir.

Parece más fácil ser Dios que amar a Dios; más fácil controlar a la gente, que amarla; más fácil ser dueño de la vida, que amarla. Jesús nos pregunta: «¿Me amas?» Nosotros le preguntamos: «¿Nos podemos sentar a tu derecha y a tu izquierda en tu reino?» (Mateo 20:21). Desde el día en que la serpiente dijo: «Cuando coman de ese árbol, se les abrirán los ojos y llegarán a ser como Dios, conocedores del bien y del mal» (Génesis 3:5), hemos sentido la tentación de reemplazar el amor con el poder.

Jesús vivió esa tentación de la forma más angustiosa, desde el desierto hasta la cruz. La larga y dolorosa historia de la iglesia es la historia de unos seres humanos tentados una y otra vez a escoger el poder sobre el amor; el control sobre la cruz; a ser líderes sobre dejarse guiar.

— Henri Nouwen[74]

Una pregunta para meditar

¿De qué manera podrías desprenderte del poder y el control para decidirte a servir con amor a alguien hoy?

Oración

Padre, tú sabes lo mucho que yo batallo para tratar de amar a algunas de las personas difíciles que tengo en mi vida. Como les sucedía a los discípulos, se me hace más fácil ejercer el control de la gente y tener poder sobre ella. Lléname de tu poder, para que me pueda decidir a servir en amor a todas las personas con las que me encuentre hoy. En el nombre de Jesús, amén.

Termina con un momento de silencio (2 minutos)

DÍA 5: OFICIO DE LA MAÑANA Y/O DEL MEDIODÍA

Silencio y quietud ante Dios (2 minutos)

Lectura bíblica: Mateo 7:1-5

«No juzguen a nadie, para que nadie los juzgue a ustedes. Porque tal como juzguen se les juzgará, y con la medida que midan a otros, se les medirá a ustedes.

»¿Por qué te fijas en la astilla que tiene tu hermano en el ojo, y no le das importancia a la viga que está en el tuyo? ¿Cómo puedes decirle a tu hermano: "Déjame sacarte la astilla del ojo", cuando ahí tienes una viga en el tuyo? ¡Hipócrita!, saca primero la viga de tu propio ojo, y entonces verás con claridad para sacar la astilla del ojo de tu hermano.

Devocional

Desde el siglo tercero hasta el quinto, los Padres del Desierto dejaron un rico depósito de sabiduría acerca de cómo una vida genuina con Dios nos lleva a un amor maduro sin juzgar a los demás.

El monje debe morir a su prójimo, y nunca juzgarlo de ninguna manera.

Si estás ocupado con tus propias faltas, no tendrás tiempo para ver las de tu prójimo.[75]

A muchos de nosotros no les cuesta trabajo alguno dar consejos, o señalar las cosas malas que están haciendo los demás. No tendemos a permitir que otros sean ellos mismos ante Dios, o que se muevan a su propio paso. Lo que hacemos es proyectar sobre ellos nuestro propio descontento por el hecho de que han decidido vivir de una manera distinta a la nuestra. El resultado es que terminamos eliminándolos en nuestra mente, o bien tratando de hacer que sean como nosotros, o cayendo en la indiferencia del «¿a quién le importa?».

A menos que yo saque primero la viga de mi propio ojo, sabiendo que tengo grandes puntos ciegos, voy a ser peligroso. Debo ver el extenso daño que el pecado ha hecho en todas las partes de mi ser: mis emociones, mi intelecto, mi cuerpo, mi voluntad y mi espíritu. Todo esto, antes de poder intentar quitar la astilla del ojo de mi hermano.

Una pregunta para meditar

¿Hay alguien acerca del cual Dios te está llamando a que lo dejes de juzgar? ¿Cómo serían las cosas si tú lo bendijeras y tuvieras misericordia con él?

Oración

Abba Padre, perdóname por tener tantas opiniones acerca de tanta gente, y por juzgarla. Limpia por completo mi pizarra y dame la gracia de ver mis propias vigas en lugar de apresurarme a juzgar a los demás. En el nombre de Jesús, amén.

Termina con un momento de silencio (2 minutos)

DÍA 5: OFICIO DEL MEDIODÍA Y/O DE LA NOCHE

Silencio y quietud ante Dios (2 minutos)

Lectura bíblica: Mateo 10:28, 34-36

«No teman a los que matan el cuerpo pero no pueden matar el alma. Teman más bien al que puede destruir alma y cuerpo en el infierno.

»No crean que he venido a traer paz a la tierra. No vine a traer
    paz sino espada. Porque he venido a poner en conflicto
"al hombre contra su padre,
    a la hija contra su madre,
a la nuera contra su suegra;
    los enemigos de cada cual
    serán los de su propia familia".

Devocional

Los conflictos sin resolver son una de las tensiones mayores en la vida de los cristianos de hoy. La mayoría de nosotros los detestamos. No sabemos qué hacer con ellos. Preferimos pasar por alto los problemas difíciles y conformarnos con una falsa paz, esperando contra toda esperanza que esos problemas desaparezcan de alguna manera algún día. Pero no desaparecen, y como consecuencia, terminamos:

163

- diciendo una cosa delante de la cara de las personas, y otra a sus espaldas.
- haciendo unas promesas que no tenemos intención alguna de cumplir; echándoles la culpa de todo a otros, o volviéndonos sarcásticos.
- cediendo, porque tenemos miedo a no caer bien.
- dejando «escapar» nuestra ira por medio de una crítica sutil.
- diciendo solo la mitad de la verdad, porque no podemos soportar la idea de herir los sentimientos de un amigo.
- diciendo que sí, a pesar de que pensamos que no.
- evadiendo a la gente, y dejando de hablarle.

Y, sin embargo, los conflictos y los problemas eran centrales en la misión de Jesús. Interrumpió la falsa paz de sus discípulos, de las multitudes, de los líderes religiosos, de los romanos, de los que compraban y vendían en el Templo, e incluso de las familias. Jesús entendía que no podemos edificar su Reino apoyándonos en mentiras y fingimientos. Solo podemos utilizar la verdad.[76]

Una pregunta para meditar

¿En qué aspecto estás sintiendo tensión en algunas relaciones que tienes temor de perturbar?

Oración

Señor, tú sabes que todo mi ser quiere huir de las tensiones y los conflictos, o al menos, hacer girar la verdad a mi favor. Transforma mis formas de relacionarme con los demás. Ayúdame a decir la verdad con gran amor y ternura, de manera que tú seas honrado y glorificado en mis relaciones. En el nombre de Jesús, amén.

Termina con un momento de silencio (2 minutos)

Sigue al próximo paso para desarrollar una «regla de vida»

8

Una de las principales razones por las que la gente se aparta del cristianismo se debe a las muchas reglas —así llamadas— que existen. Muchas de estas reglas conducen al legalismo y sacan la alegría de Jesús que hay en nosotros. Así que, asociar la fe cristiana con las reglas parece contradictorio. Pero existe una antigua práctica de formación espiritual llamada «una regla de vida» dentro de la fe cristiana que no está destinada a constreñirnos, sino a liberarnos.

Una «regla de vida» no es una *regla* en el mismo sentido que se usa la palabra comúnmente hoy en día. La raíz de la palabra *regla* se remonta a la palabra griega antigua que designa *enrejado*. Se refiere a una estructura, como las diseñadas para ayudar a las vides a crecer hacia arriba, y contribuir a que sea más fecunda y productiva. Una «regla de vida» tiene una función y un objetivo similares. Es una estructura de apoyo que nos ayuda a crecer en Cristo. Es un plan intencional centrado en torno a las prácticas espirituales que nos permiten prestar atención a Dios y permanecer en Jesús a pesar de las fuerzas poderosas que buscan alejarnos de él.

RECURSOS ADICIONALES

- *Espiritualidad emocionalmente sana: edición actualizada,* capítulo 8
- *Espiritualidad emocionalmente sana Guía de estudio: edición actualizada,* Sesión 8
- *Espiritualidad emocionalmente sana DVD: edición actualizada,* Sesión 8

DÍA 1: OFICIO DE LA MAÑANA Y/O DEL MEDIODÍA

Silencio y quietud ante Dios (2 minutos)

Lectura bíblica: Daniel 1:3-5, 8

Además, el rey le ordenó a Aspenaz, jefe de los oficiales de su corte, que llevara a su presencia a algunos de los israelitas pertenecientes a la familia real y a la nobleza. Debían ser jóvenes apuestos y sin ningún defecto físico, que tuvieran aptitudes para aprender de todo y que actuaran con sensatez; jóvenes sabios y aptos para el servicio en el palacio real, a los cuales Aspenaz debía enseñarles la lengua y la literatura de los babilonios. El rey les asignó raciones diarias de la comida y del vino que se servía en la mesa real. Su preparación habría de durar tres años, después de lo cual entrarían al servicio del rey.

Pero Daniel se propuso no contaminarse con la comida y el vino del rey, así que le pidió al jefe de oficiales que no lo obligara a contaminarse.

Devocional

El rey Nabucodonosor y sus ejércitos babilónicos conquistaron Jerusalén y se llevaron como esclavos a la mayor parte de los habitantes de la ciudad. Uno de los que fueron llevados fue un adolescente llamado Daniel. Babilonia tenía una sola meta: eliminar la creencia de Daniel en Dios, y hacer que absorbiera por completo los valores de la cultura de ellos... y aceptara sus dioses.

¿Cómo se pudo resistir Daniel al enorme poder de Babilonia? Él no era un monje enclaustrado que viviera tras unos muros. Tenía fuertes responsabilidades, y era mucha la gente que le daba órdenes. Su sistema de apoyo era mínimo, y me imagino que todos los días tenía una larga lista de cosas por hacer.

Pero también tenía un plan, una «Regla de vida». No dejó al azar el desarrollo de su vida interior. Él sabía a qué se estaba enfrentando. Aunque sabemos pocos detalles concretos, vemos con claridad que orientó toda su vida alrededor del amor a Dios. Renunciaba a ciertas actividades, como la de aceptar la comida del rey (Daniel 1), y se dedicaba a otras, como el Oficio Diario (Daniel 6). Se las arregló de alguna manera para alimentarse espiritualmente, y se desarrolló hasta convertirse en un extraordinario hombre de Dios... a pesar del ambiente hostil que le rodeaba.[77]

Una pregunta para meditar

¿Qué plan tienes para no dejar al azar la alimentación de tu vida interior con Dios en medio de tus días agitados?

Oración

Señor, todo lo que necesito es estar contigo, y por un largo tiempo. Puedo ver que en mí hay una gran cantidad de cosas que necesitan cambiar. Muéstrame aunque sea un pequeño paso que pueda dar hoy para comenzar a formarme una vida alrededor de ti. Señor, ayúdame a desarrollar un plan eficaz en mi vida para prestarte siempre atención, tanto si estoy trabajando, como si estoy descansando, estudiando u orando. En el nombre de Jesús, amén.

Termina con un momento de silencio (2 minutos)

DÍA 1: OFICIO DEL MEDIODÍA Y/O DE LA NOCHE

Silencio y quietud ante Dios (2 minutos)

Lectura bíblica: Salmos 73:12-17, 25

Así son los impíos;
    sin afanarse, aumentan sus riquezas.

En verdad, ¿de qué me sirve

    mantener mi corazón limpio

y mis manos lavadas en la inocencia,

    si todo el día me golpean

    y de mañana me castigan?

Si hubiera dicho: «Voy a hablar como ellos»,

    habría traicionado a tu linaje.

Cuando traté de comprender todo esto,

    me resultó una carga insoportable,

hasta que entré en el santuario de Dios;

    allí comprendí cuál será el destino de los malvados:

    ¿A quién tengo en el cielo sino a ti?

    Si estoy contigo, ya nada quiero en la tierra.

Devocional

El cristianismo no es un conjunto de creencias intelectuales, sino una relación de amor con Dios. Necesitamos hacer lo que hizo el salmista en el salmo 73: entrar al santuario de Dios para estar a solas con él. Esto tiene una aplicación especial a nuestra vida cuando nos hallamos en medio del sufrimiento y las tinieblas.

Los dichos de los Padres del Desierto proceden de hombres y mujeres que huyeron al desierto y lo convirtieron en un refugio para buscar a Dios con todo el corazón. Al final, terminaron formando comunidades guiadas por una «regla de vida». A continuación, tienes unas pocas de las enseñanzas que dejaron para la posteridad. Léelas detenidamente y en espíritu de oración. (La palabra «celda» es un término antiguo usado aún en las órdenes y congregaciones religiosas para definir un lugar privado y silencioso donde estar con Dios).

Antonio Abad dijo: «Así como los peces mueren si permanecen demasiado tiempo fuera del agua, también los monjes que holgazanean fuera de sus celdas, o pasan su tiempo con hombres del mundo, pierden la intensidad de su paz interior. Por eso, así como el pez que vuelve al mar, nosotros también nos debemos apresurar en entrar a nuestra celda, por temor a que si nos detenemos fuera de ella, vayamos a perder nuestra vigilancia interior».[78]

Abba Poemen dijo: «Todas las pruebas que te sobrevengan las puedes vencer por medio del silencio».[79]

Un cierto hermano acudió a Abba Moisés en Nitria (Scetes) y le pidió que le diera una buena palabra. Entonces el anciano le dijo: «Ve, siéntate en tu celda, y tu celda te lo enseñará todo».[80]

Una pregunta para meditar

¿Cómo y por qué piensas que el hecho de encontrar tiempo a solas con Dios y en silencio te lo podría «enseñar todo»?

Oración

Señor, tú sabes con la facilidad y la rapidez que yo pierdo mi sensación interior de tu presencia. Concédeme gracia por el resto de este día para acallar los ruidos exteriores que me rodean, de manera que pueda escuchar tu cálida voz. En el nombre del Padre, del Hijo y del Espíritu Santo, amén.

Termina con un momento de silencio (2 minutos)

DÍA 2: OFICIO DE LA MAÑANA Y/O DEL MEDIODÍA

Silencio y quietud ante Dios (2 minutos)

Lectura bíblica: Hechos 2:42-47

Se mantenían firmes en la enseñanza de los apóstoles, en la comunión, en el partimiento del pan y en la oración. Todos estaban asombrados por los muchos prodigios y señales que realizaban los apóstoles. Todos los creyentes estaban juntos y tenían todo en común: vendían sus propiedades y posesiones, y compartían sus bienes entre sí según la necesidad de cada uno. No dejaban de reunirse en el templo ni un solo día. De casa en casa partían el pan y compartían la comida con alegría y generosidad, alabando a Dios y disfrutando de la estimación general del pueblo. Y cada día el Señor añadía al grupo los que iban siendo salvos.

Devocional

Mi afirmación central es que nos podemos volver semejantes a Cristo si hacemos una sola cosa: seguirle a él en el estilo general de vida que escogió para sí mismo. Si tenemos fe en Cristo, debemos creer que él sabía cómo se debe vivir. Por medio de la fe y la gracia, nos podemos asemejar a Cristo, practicando los tipos de actividades a los que él se dedicó, ordenando toda nuestra vida alrededor de las actividades que practicaba con el fin de mantenerse constantemente en casa, en comunión con su Padre.

¿Cuáles eran las actividades que practicaba Jesús? Cosas como la soledad y el silencio, la oración y la vida sacrificada, la intensidad en el estudio de la Palabra de Dios y de sus caminos y la meditación sobre ellos, además del servicio a los demás. Ciertamente, algunas de estas cosas nos van a ser incluso más necesarias a nosotros de lo que fueron para él, debido a que nuestras necesidades son mayores, o diferentes...

Así que, si queremos seguir a Cristo, y caminar bajo su suave yugo, tendremos que aceptar por completo su estilo general de vida como nuestro. Entonces, y solo entonces, podemos tener razones para esperar saber por experiencia lo suave que es su yugo y lo liviana que es su carga.

—Dallas Willard[81]

171

Una pregunta para meditar

¿Qué te impresionó más cuando leíste sobre el estilo de vida de los primeros cristianos en el libro de los Hechos, y sobre la forma en que trataban de imitar la vida de Jesús?

Oración

> *Señor, tú dices que tu yugo es suave y tu carga es liviana (Mateo 11:30), sin embargo, la vida que yo llevo muchas veces me parece dura y pesada. Muéstrame las actividades, decisiones, prioridades y relaciones que no son lo que tú quieres hoy para mí. En este día someto mi vida a tu soberanía y a tus caminos. En tu nombre, amén.*

Termina con un momento de silencio (2 minutos)

DÍA 2: OFICIO DEL MEDIODÍA
Y/O DE LA NOCHE

Silencio y quietud ante Dios (2 minutos)

Lectura bíblica: Salmos 63:1-5

> Oh Dios, tú eres mi Dios;
>> yo te busco intensamente.
> Mi alma tiene sed de ti;
>> todo mi ser te anhela,
>> cual tierra seca, extenuada y sedienta.
> Te he visto en el santuario
>> y he contemplado tu poder y tu gloria.
> Tu amor es mejor que la vida;
>> por eso mis labios te alabarán.
> Te bendeciré mientras viva,
>> y alzando mis manos te invocaré.

Mi alma quedará satisfecha
   como de un suculento banquete,
y con labios jubilosos
   te alabará mi boca.

Devocional

Gregorio de Nisa, el gran obispo y teólogo del siglo cuarto, sostenía que en nosotros existe una incansable añoranza de la belleza y el esplendor infinitos de Dios. Escribió: «Hay un anhelo que nos guía hacia Dios. Somos levantados hacia él como si lo estuviera haciendo una soga». Cuando el alma capta un destello de la belleza de Dios, añora verla aún mejor. Sus escritos están llenos de imágenes en las que describe nuestra añoranza de Dios: el amante que pide otro beso, el que prueba una dulzura y solo se puede satisfacer probándola de nuevo, el mareo que se siente cuando se está de pie en el borde de un precipicio al observar un vasto espacio.

Gregorio compara la contemplación de Dios a una persona que mira un manantial que brota de la tierra:

> Cuando te acercaste al manantial, te sentiste maravillado, viendo que el agua no se agotaba, sino que seguía saliendo y derramándose. Sin embargo, nunca pudiste decir que habías visto toda el agua. ¿Cómo podrías ver la que aún se hallaba escondida en el seno de la tierra? De aquí que, por mucho tiempo que te pasaras junto a manantial, siempre estarías comenzando a ver el agua... Lo mismo le sucede al que fija su mirada en la infinita belleza de Dios. La está descubriendo de nuevo constantemente, y siempre la ve como algo nuevo y extraño, comparada con lo que la mente ya ha logrado comprender. Y a medida que Dios se sigue revelando a sí mismo, el ser humano se sigue maravillando; y nunca

agota su anhelo por ver más, puesto que aquello que espera ver es siempre más magnífico, más divino que todo lo que ya ha visto.[82]

Una pregunta para meditar
¿Dónde puedes encontrar esta semana un tiempo para «contemplar la infinita belleza de Dios»?

Oración
Señor, concédeme que pueda ver en este día de una manera más rica aún tu belleza y tu encanto infinitos. En el nombre de Jesús, amén.

Termina con un momento de silencio (2 minutos)

DÍA 3: OFICIO DE LA MAÑANA Y/O DEL MEDIODÍA

Silencio y quietud ante Dios (2 minutos)

Lectura bíblica: 1 Tesalonicenses 5:16-22
Estén siempre alegres, oren sin cesar, den gracias a Dios en toda situación, porque esta es su voluntad para ustedes en Cristo Jesús. No apaguen el Espíritu, no desprecien las profecías, sométanlo todo a prueba, aférrense a lo bueno, eviten toda clase de mal.

Devocional

El fuego
Lo que hace que arda un fuego
es el espacio que hay entre los leños,
un espacio para respirar.
Demasiado de algo bueno;
demasiados leños

puestos demasiado juntos
pueden extinguir las llamas
casi con tanta seguridad
como lo haría un balde de agua.
Así que prender fuego
exige que se atienda
a los espacios que hay entre los leños,
tanto como se atiende a los leños mismos.
Cuando podamos crear
espacios abiertos
de la misma manera
en que hemos aprendido
a apilar la leña,
entonces podremos llegar a ver cómo
son el combustible y la ausencia de combustible
juntos, los que hacen posible el fuego.[83]

Una pregunta para meditar

¿Cómo cambiarían las cosas en tu vida si practicaras esto de «crear espacios abiertos» en ella?

Oración

Señor, necesito espacio para respirar. Son demasiadas las cosas que están sucediendo en mi vida; hay demasiados leños en mi fuego. Muéstrame la manera de crear espacios en mi vida, y haz que el fuego de tu presencia arda dentro de mí y por medio de mí. En el nombre de Jesús, amén.

Termina con un momento de silencio (2 minutos)

175

DÍA 3: OFICIO DEL MEDIODÍA
Y/O DE LA NOCHE

Silencio y quietud ante Dios (2 minutos)

Lectura bíblica: Salmos 27:3-4

> Aun cuando un ejército me asedie,
> no temerá mi corazón;
> aun cuando una guerra estalle contra mí,
> yo mantendré la confianza.
> Una sola cosa le pido al Señor,
> y es lo único que persigo:
> habitar en la casa del Señor
> todos los días de mi vida,
> para contemplar la hermosura del Señor
> y recrearme en su templo.

Devocional

Lo que más llama la atención en este salmo es lo que hace David cuando se encuentra rodeado por unos ejércitos y unos enemigos ansiosos por asesinarlos a él y a su familia. No pide una victoria, ni sabiduría, ni un cambio en las circunstancias. Lo que hace es acallarse para buscar a Dios, para habitar con él y para reflexionar en su belleza.

Todos y cada uno de nosotros necesitamos una oportunidad para estar solos y en silencio, o en realidad, incluso para hallar un espacio en el día o en la semana, en el que solo reflexionemos y escuchemos la voz de Dios que nos habla desde lo más profundo de nuestro ser. [...] De hecho, nuestra búsqueda de Dios solo es nuestra respuesta a su búsqueda de nosotros. Él toca a nuestra puerta, pero en muchas personas se da el caso de que están demasiado preocupadas para poderlo oír.

—Cardenal Basil Hume[84]

Una pregunta para meditar

¿De qué maneras te podría estar buscando Dios a ti hoy; tocando a la puerta de tu vida?

Oración

Señor, hay una parte de mi ser que tiene un gran anhelo de estar a solas contigo. En cambio, hay otra parte de mí que quiere huir, y evadir los momentos contigo a toda costa. Gracias por haberme dado este día la oportunidad de detenerme a escucharte. Gracias porque has seguido tocando a mi puerta, sobre todo cuando estoy demasiado ansioso o distante para escucharte. Te ruego que me concedas un corazón como el de David; un corazón que te anhele genuinamente por encima de todo lo demás de esta vida. En el nombre de Jesús, amén.

Termina con un momento de silencio (2 minutos)

DÍA 4: OFICIO DE LA MAÑANA Y/O DEL MEDIODÍA

Silencio y quietud ante Dios (2 minutos)

Lectura bíblica: Salmos 119:27-32

Hazme entender el camino de tus preceptos,
  y meditaré en tus maravillas.
De angustia se me derrite el alma:
  susténtame conforme a tu palabra.

177

Mantenme alejado de caminos torcidos;
concédeme las bondades de tu ley.
He optado por el camino de la fidelidad,
he escogido tus juicios.
Yo, Señor, me apego a tus estatutos;
no me hagas pasar vergüenza.
Corro por el camino de tus mandamientos,
porque has ampliado mi modo de pensar.

Devocional

La «regla de vida» más famosa en el mundo occidental es la Regla de
san Benito, escrita en el siglo sexto. En un mundo en continua agitación
y lleno de distracciones como el nuestro, una «Regla de Vida» introduce
el equilibrio y la sencillez, invitándonos a una vida que lo busque todo en
una medida adecuada: el trabajo, la oración, la soledad y las relaciones.
San Benito comienza su Regla con un llamado a escuchar a Dios y una
invitación a someterse a él:

Escucha con cuidado, hijo mío, las instrucciones del maestro, y
estate atento a ellas con los oídos de tu corazón. Estos son consejos de un padre que te ama; recíbelos de buen grado, y pon-
los fielmente en práctica. La labor de la obediencia te llevará de
vuelta a Aquel del cual te has ido alejando a través de la pereza de
la desobediencia. Entonces, este mensaje mío es para ti, si estás
dispuesto a renunciar a tu propia voluntad, de una vez por todas,
y armado con las fuertes y nobles armas de la obediencia, para
guerrear por el Rey verdadero, Cristo el Señor...

Por consiguiente, nuestra intención es establecer una escuela
para servir al Señor... No te sientas intimidado de inmediato por
el temor y salgas huyendo del camino que lleva a la salvación. Es

un camino que tiende a ser estrecho al principio. Sin embargo, a medida que vamos progresando en este camino de vida y en la fe, llegaremos a correr por la senda de los mandamientos de Dios, mientras nuestro corazón se siente desbordado con el inefable deleite del amor.[85]

Una pregunta para meditar

¿Cómo serían las cosas si tú «corrieras por la senda de los mandamientos de Dios»?

Oración

Señor, tú sabes que mi mundo se puede volver incansable y complejo. Ayúdame a mantener el equilibrio entre las exigencias que se me presentan en el día de hoy, recordándote a ti mientras trabajo, y manteniéndote en el centro de todo lo que hago. En el nombre de Jesús, amén.

Termina con un momento de silencio (2 minutos)

DÍA 4: OFICIO DEL MEDIODÍA Y/O DE LA NOCHE

Silencio y quietud ante Dios (2 minutos)

Lectura bíblica: Salmos 139:1-6

SEÑOR, tú me examinas,
    tú me conoces.
Sabes cuándo me siento y cuándo me levanto;
    aun a la distancia me lees el pensamiento.
Mis trajines y descansos los conoces;
    todos mis caminos te son familiares.

No me llega aún la palabra a la lengua
    cuando tú, Señor, ya la sabes toda.
Tu protección me envuelve por completo;
    me cubres con la palma de tu mano.
Conocimiento tan maravilloso rebasa mi comprensión;
    tan sublime es que no puedo entenderlo.

Devocional

San Patricio (389-461 A. D.), oriundo de Gran Bretaña, fue vendido como esclavo en Irlanda, donde permaneció durante seis años. Cuando logró escapar, terminó siendo ordenado como obispo, y regresó a Irlanda, donde evangelizó incansablemente, organizando iglesias y monasterios. Su misión en Irlanda marcó un importante giro en la historia de las misiones en el imperio romano.[86]

La oración de San Patricio

Me levanto hoy
Por medio de la fortaleza de Dios para que sea mi piloto;
El poder de Dios para que me sostenga,
La sabiduría de Dios para que me guíe,
Los ojos de Dios para que miren delante de mí,
Los oídos de Dios para que me escuchen,
La Palabra de Dios para que hable por mí,
La mano de Dios para que me guarde,
El camino de Dios para que esté ante mí,
El escudo de Dios para que me proteja,
Los ejércitos de Dios para que me salven
De las trampas del diablo,
De las tentaciones de los vicios,
De todo aquel que me desee el mal,

De lejos y de cerca,

Solo o en una multitud...

Cristo conmigo, Cristo delante de mí, Cristo detrás de mí,

Cristo en mí, Cristo debajo de mí, Cristo encima de mí,

Cristo a mi derecha, Cristo a mi izquierda,

Cristo cuando me acuesto, Cristo cuando me siento,

Cristo en el corazón de todo hombre que piense en mí,

Cristo en la boca de todo hombre que hable de mí,

Cristo en los ojos que me ven,

Cristo en los oídos que me escuchan.

Me levanto hoy

Por medio de una poderosa fuerza, la invocación de la Trinidad,

Por medio de la fe en los Tres,

Por medio de la confesión de la Unidad

Del Creador de la creación.[87]

Una pregunta para meditar

¿Cuáles líneas de la oración de Patricio te hablan más a tu realidad? Llévalas hoy en tu corazón.

Dios sea mi piloto el día de hoy y siempre amen.

Oración

Señor, te doy gracias por tu tranquilizadora presencia que me rodea. ¡Esto es demasiado maravilloso para poderlo asimilar! Por medio de tu Espíritu Santo, aumenta mi capacidad para mantenerme consciente de tu presencia a lo largo de todo lo que queda de este día. En el nombre de Jesús, amén.

Termina con un momento de silencio (2 minutos)

181

DÍA 5: OFICIO DE LA MAÑANA
Y/O DEL MEDIODÍA

Silencio y quietud ante Dios (2 minutos)

Lectura bíblica: Romanos 8:14-17

Porque todos los que son guiados por el Espíritu de Dios son hijos de Dios. Y ustedes no recibieron un espíritu que de nuevo los esclavice al miedo, sino el Espíritu que los adopta como hijos y les permite clamar: «¡*Abba*! ¡Padre!» El Espíritu mismo le asegura a nuestro espíritu que somos hijos de Dios. Y si somos hijos, somos herederos; herederos de Dios y coherederos con Cristo, pues si ahora sufrimos con él, también tendremos parte con él en su gloria.

Devocional

Jesús se dirigía continuamente al Yahvé infinito, eterno y omnipotente, llamándole «Abba», una palabra familiar, cálida e íntima que usaban los niños, de manera semejante a cuando hoy en día dicen «papá». El corazón del evangelio está en que Jesús dio a sus discípulos la autoridad necesaria para llamarle Padre a Dios. Por medio de Jesús, nosotros también somos hijos de «Abba».

La espiritualidad contemplativa nos va llevando hacia una relación más madura con Dios. Progresamos desde la actitud de «dame, dame, dame» que tienen los niños pequeños, a una forma más madura de relacionarnos con Dios, en la cual nos deleita estar con él, sabiendo que es nuestro «Abba Padre». Este movimiento de progresión podemos dividirlo en etapas de la manera siguiente:

- Hablarle a Dios: esto no consiste más que en repetir de memoria lo que nos han enseñado a decir nuestros padres o autoridades. Por ejemplo, «Bendíceme, Señor, por estos dones tuyos, que ahora voy a recibir, por Cristo Señor nuestro, amén».

- Conversar con Dios: nos sentimos más cómodos al encontrar nuestras propias palabras para hablar con Dios, en lugar de usar las oraciones prefabricadas de nuestra niñez. Por ejemplo, «Dame, dame, dame más, Dios mío».

- Escuchar a Dios: en este punto comenzamos a escuchar a Dios, y a disfrutar de una relación «recíproca» con él.

- Estar con Dios: por último, nos limitamos a disfrutar de la presencia del Dios que nos ama. Esto es mucho más importante que toda actividad determinada que hagamos con él. Su presencia hace que nos sintamos realizados en todas las cosas de nuestra vida.[88]

Una pregunta para meditar

¿Cuáles son los temores que traes por dentro, que le puedes entregar hoy a tu Abba Padre?

Oración

Señor, yo creo que vivir en tu presencia es lo que hace que la vida valga la pena. Solo que no estoy seguro sobre la manera de llegar a ese punto en mi caminar espiritual. Quiero crecer en mi relación contigo que va más allá de «dame, dame». Lléname con tu Espíritu Santo, para que pueda aprender a disfrutar de tu compañía y deje de contentarme con acudir a ti en busca de tus dones y tus bendiciones. En el nombre de Jesús, amén.

Termina con un momento de silencio (2 minutos)

DÍA 5: OFICIO DEL MEDIODÍA
Y/O DE LA NOCHE

Silencio y quietud ante Dios (2 minutos)

Lectura bíblica: 1 Juan 4:7-12

Queridos hermanos, amémonos los unos a los otros, porque el amor viene de Dios, y todo el que ama ha nacido de él y lo conoce. El que no ama no conoce a Dios, porque Dios es amor. Así manifestó Dios su amor entre nosotros: en que envió a su Hijo unigénito al mundo para que vivamos por medio de él. En esto consiste el amor: no en que nosotros hayamos amado a Dios, sino en que él nos amó y envió a su Hijo para que fuera ofrecido como sacrificio por el perdón de nuestros pecados. Queridos hermanos, ya que Dios nos ha amado así, también nosotros debemos amarnos los unos a los otros. Nadie ha visto jamás a Dios, pero si nos amamos los unos a los otros, Dios permanece entre nosotros, y entre nosotros su amor se ha manifestado plenamente.

Devocional

Dios tiene un camino distinto para cada uno de nosotros. Mi oración final por ti es que seas fiel a tu propio camino. Es trágico vivir una vida que le corresponde a otra persona. Yo lo sé; lo estuve haciendo durante años.

Me agradaría terminar el tiempo que hemos pasado juntos con un relato acerca de Carlo Carretto, quien vivió entre los musulmanes del norte de África durante tres años como miembro de la congregación de los Hermanitos de Jesús. Carlo escribe cómo un día iba viajando en camello por el desierto de Sahara y se encontró a unos cincuenta hombres que estaban trabajando bajo el fuerte calor de los rayos solares, tratando de reparar un camino. Cuando Carlo les ofreció agua, vio para su sorpresa a su amigo Paul, otro miembro de su comunidad cristiana.

Paul había sido ingeniero en París, y había trabajado en la bomba atómica para el gobierno de Francia. Dios lo había llamado a dejarlo todo para convertirse en un Hermanito en el norte de África. Hubo un momento en que la madre de Paul acudió a Carlo para pedirle que le ayudara a comprender la vida de su hijo.

«Yo hice de él un ingeniero», le dijo. «¿Por qué no puede trabajar en la iglesia como intelectual? ¿Acaso eso no sería más útil?».

Paul se había contentado con orar y desaparecer para Cristo en el desierto del Sahara. Fue entonces cuando Carlo se preguntó a sí mismo: «¿Cuál es mi lugar en la gran labor evangelizadora de la iglesia?». Esta fue la forma en que respondió su propia pregunta:

Comprendí que también mi lugar estaba allí, en medio de los pobres cubiertos con harapos; mezclado en medio de la multitud.

En la iglesia hay otros que tienen la tarea de evangelizar, edificar, alimentar o predicar. El Señor me pidió que fuera pobre entre los pobres; obrero entre los obreros. [...]

¡Es tan difícil juzgar! [...]

Pero sí hay una verdad a la que nos debemos aferrar siempre con desesperación: ¡el amor!

Es el amor el que justifica nuestras acciones; el amor es el que debe llevar la iniciativa en todo lo que nosotros hagamos. El amor es el cumplimiento de la ley.

Si por amor, el Hermano Paul ha escogido morir en un camino del desierto, por el amor queda justificado. [...]

Si por amor [otros] edifican escuelas y hospitales, por ese amor han sido justificados. Si por amor, Tomás de Aquino se pasó toda la vida en medio de los libros, por ese amor fue justificado. [...]

Yo solo puedo decir: «Vive el amor; permite que te invada el amor. Él nunca dejará de enseñarte lo que debes hacer».[89]

Una pregunta para meditar

¿Cómo sería tu vida si el amor de Dios te invadiera y te llenara, guiándote a aquello que «debes hacer»?

Oración

Señor, puedo ver que en mí hay una gran cantidad de cosas que necesitan cambiar. Te pido que me invada tu amor. Dame el valor necesario para seguir fielmente el camino exclusivo que tú tienes para mi vida, sin importarme dónde me lleve, ni los cambios que tú quieras hacer en mí. En el nombre de Jesús, amén.

Termina con un momento de silencio (2 minutos)

Apéndice A: El Padrenuestro

Medita en cada frase. No te apresures; haz una pausa después de cada línea.

Padre nuestro

Que estás en el cielo,

Santificado sea tu nombre.

Venga tu reino.

Hágase tu voluntad

En la tierra como en el cielo.

Danos hoy nuestro pan cotidiano.

Perdónanos nuestras deudas

Como también nosotros hemos perdonando a nuestros deudores;

Y no nos dejes caer en tentación,

Sino líbranos del maligno.

Apéndice B: La Oración del aliento

La oración del aliento es una antigua práctica cristiana que se remonta al menos a los primeros siglos de la iglesia. La famosa «Oración de Jesús» es un ejemplo de este tipo de oración del aliento. Desarrollada a partir de la parábola del fariseo y el recaudador de impuestos, que se encuentra en Lucas 18.9-14, repite la desesperada súplica de misericordia que hace el recaudador de impuestos y dice así: «Señor Jesucristo, Hijo de Dios, ten misericordia de mí, que soy un pecador». Cada una de las frases de la oración se dice al inhalar o exhalar el aliento. Esta oración ha sido una práctica especialmente útil para mí cuando me he sentido distraído al tratar de llegar en silencio y quietud ante el Señor.

La oración del aliento es similar a la oración silenciosa en el sentido de que se puede hacer en cualquier momento, ¡puesto que siempre estamos respirando! En las Escrituras, la respiración simboliza de manera metafórica al Espíritu de Dios. Por medio del aliento Dios nos da vida (Génesis 2:7), y por medio del aliento Jesús nos da su Espíritu Santo (Juan 20:22).

Las siguientes son unas pocas directrices para ayudarte a practicar esta oración del aliento:

- Siéntate erguido en un lugar silencioso. Concentra la atención en tu respiración.

- Respira con el diafragma, permitiendo que tu abdomen se levante y caiga con facilidad. No fuerces la respiración ni respires demasiado rápido.

- Cada vez que tus pensamientos divaguen, trae tu atención de vuelta a tu respiración. Cuando inhales, pídele a Dios que te llene con su Espíritu de vida. Al exhalar, suelta todo lo que no sea de Dios.

- Cuando termines tu momento de silencio, haz una pausa para darle gracias a Dios por tu tiempo con él.

Apéndice C: Las diez preguntas más frecuentes sobre el silencio

1. ¿Por qué es tan difícil practicar el silencio?

Imagínate que nunca hayas hecho ejercicio en toda tu vida y entonces trates de correr un par de kilómetros a toda velocidad. Te sería muy difícil. Sin embargo, si siguieras practicando, con el tiempo se te haría mucho más fácil. Lo mismo es cierto cuando se trata de ejercitar la musculatura espiritual que te capacita para prestarle atención a Dios por medio del silencio. Es Dios mismo quien nos ordena que nos mantengamos en silencio delante de su presencia (Salmos 37.7; 46.10). Esto significa que él también nos ha dado la capacidad de atenderlo de esa manera. De hecho, todo ser humano tiene una dimensión contemplativa que en realidad anhela guardar silencio con Dios. La relación con él nos exige que dejemos de estar hablando todo el tiempo a fin de poder desarrollar la capacidad para simplemente disfrutar el hecho de estar con él.

2. ¿En qué se diferencia el pasar tiempo en silencio de la meditación oriental, las prácticas de la Nueva Era o los programas seculares sobre el desarrollo de la vida consciente?

No nos debería sorprender que las religiones del mundo utilicen la práctica del silencio. Muchas otras creencias también tienen adoración en común, escrituras o textos sagrados, disciplinas espirituales, etc. La diferencia significativa entre la meditación del cristiano y otras clases de meditación es que nosotros no estamos tratando de vaciar nuestra mente hasta llegar a la nada o de alcanzar un estado alterado de conciencia. En lugar de esto, practicamos el silencio para centrar nuestra mente en Dios y pasar un tiempo en su presencia. Este tipo de oración no es nuevo, ni pertenece a la Nueva Era. Sus raíces se extienden tan lejos en las Escrituras como hasta Moisés y Elías, continúan en el Nuevo Testamento con Juan el Bautista y Jesús, y han persistido a lo largo de más de dos mil años de historia cristiana. En silencio, sencillamente estamos con el Dios de Abraham, Isaac y Jacob. Además, esta clase de oración forma parte de nuestra vida general de oración, en la cual se incluyen la adoración, la confesión, las peticiones, etc.

3. ¿Cuánto tiempo debo pasar en silencio cada día?

Yo solía recomendar que se comenzara con dos minutos al día, pero últimamente he estado recomendando que la persona comience con cinco minutos al día y vaya aumentando lentamente el tiempo hasta estar pasando entre diez y veinte minutos al día en silencio. Mi práctica consiste en pasar veinte minutos en silencio como parte de mi Oficio (tiempo de oración) de la mañana. Para mí, el momento mejor es a primera hora de la mañana, antes de que comiencen las actividades del día, pero eso no es posible para todo el mundo. También incorporo momentos más breves de silencio (entre uno y diez minutos) durante los Oficios del mediodía y la noche. Durante los últimos quince años, una gran cantidad de investigaciones ha confirmado que el silencio y la meditación vuelven a poner orden en nuestro cerebro, ayudándonos a estar más conscientes, ser más empáticos y tener una cantidad menor de estrés.[91]

4. ¿Qué puedo hacer cuando mi mente se pone a divagar?

Este es el primer desafío para la mayoría de las personas. ¡No eres el único! Nuestra mente puede andar divagando un centenar de veces en un período de cinco minutos. Hay tres cosas que hago cuando mi mente comienza a divagar. En primer lugar, antes de entrar al silencio, paso un tiempo leyendo las Escrituras, un texto devoto, o escribo en un diario si tengo muchas cosas en la mente. Esto me ayuda a concentrarme y a asentar mis pensamientos antes de comenzar mi tiempo de silencio. En segundo lugar, cuando mi mente divaga, dirijo de nuevo mi atención a mi respiración, enfocándome en las facultades de inhalar y exhalar como dones de Dios. La práctica de enfocarse en el ritmo de la respiración es una práctica bastante usada entre los cristianos ortodoxos y en los ambientes seculares se habla de ella como manera de desarrollar la «conciencia». Y, por último, me centro en una palabra, como Abba o Jesús, para enfocar de nuevo mi pensamiento consciente en Cristo. Esto me ayuda a mantenerme centrado en él.

5. ¿Qué debo hacer si no tengo en mi casa ni en el trabajo un lugar tranquilo?

Es posible experimentar el silencio interior incluso cuando no somos capaces de lograr un silencio exterior. Lo creas o no, he practicado el silencio en lugares tan llenos de ruido como Times Square, el ferrocarril metropolitano, los autobuses de las ciudades, los aviones, las escaleras de los edificios, los bancos de los parques, las paradas de autobuses en las carreteras, mi automóvil, las playas y en edificios vacíos de iglesias. Conozco maestros de escuela que usan los armarios, empleados de la recogida de basura que usan su camión, y estudiantes que usan las bibliotecas.

6. ¿Qué me ayudaría a crecer en esta práctica?

A veces enciendo una vela como símbolo de la presencia de Cristo conmigo. Uso el cronómetro de mi teléfono cada mañana, programándo-
lo para que suene a los veinte minutos. En otros momentos del día lo
programo para tres a cinco minutos, según mis posibilidades con el
tiempo. Las Escrituras son un componente central de mis tiempos con
Dios, ya sea antes o después de mis momentos de silencio. Meditar en
las Escrituras, aprenderlas de memoria, estudiarlas y leerlas han llegado
a ser en momentos mucho más ricos para mí a medida que he creado
un amplio espacio para permanecer en quietud. También tengo una silla
especial que uso en mi oficina, lo cual me da el sentido de que he apartado un espacio sagrado.

*7. ¿Estoy haciendo mal las cosas si no oigo que Dios me hable cuando
permanezco en silencio?*

La meta de pasar tiempo en silencio no consiste necesariamente en oír a
Dios, sino en estar con él. Cuando paso tiempo en silencio, no estoy buscando dirección, aunque es frecuente que me llegue de esa manera. ¡Sin
embargo, sí he notado que Dios me dice mucho cuando estoy quieto! En
parte, la madurez en Cristo no consiste en juzgar la calidad de nuestro
tiempo con él basándonos en cómo nos sentimos. La meta es estar con
Jesús, no tener una experiencia «sublime». Y los beneficios que produce
el hecho de pasar tiempo en silencio van más allá de ese tiempo mismo
(por ejemplo, estar mucho más conscientes de Dios y nosotros mismos a
lo largo del día, sentirnos más enfocados y menos presionados, tener una
sensación más profunda de paz, etc.). Solo el hecho de presentarse constantemente para estar con Jesús en silencio es una expresión de confianza
y dependencia de él.

8. ¿Qué hago si no dispongo de suficiente tiempo y siento que tengo prisa?

Me adapto al tiempo que tengo disponible. Por ejemplo, si solo cuento con diez minutos para la oración del mediodía, estructuro el tiempo limitado que tengo basándome en lo que necesito para poder tener comunión con Jesús. En esto estarían incluidas cosas como guardar más silencio o menos, leer las Escrituras, etc. La meta no consiste en «terminar» una lectura o pasar en silencio el tiempo que hemos apartado para ello. Nuestra meta consiste en estar con Jesús en todos los momentos que tengamos disponibles.

9. ¿Qué debería hacer si he practicado el silencio durante un tiempo, pero me siento aburrido y quiero parar?

Hay mucho que aprender acerca de los movimientos interiores de nuestro corazón y el silencio con Dios. Muchas veces comenzar es el paso más difícil, algo así como al empezar una rutina de ejercicios o cualquier hábito nuevo que exija un poco de planificación y esfuerzo. No obstante, si perseveras en realizarlo, es muy probable que te preguntes —al igual que lo han hecho muchos antes que tú— cómo es posible que hayas vivido sin esto. Si te sientes aburrido, te aconsejo que busques más inspiración y recursos adicionales. Podrías comenzar consultando los materiales para centrarse en las oraciones que tiene Thomas Keating (disponibles en línea en el portal www.contemplativeoutreach.org). Y te animo a que revises el gran número de autores evangélicos que están escribiendo en estos momentos sobre la integración del silencio, la quietud y la soledad en medio de nuestra vida tan excesivamente activa.

10. ¿Por qué debo practicar el silencio todos los días? ¿No bastaría practicarlo una o dos veces al año en un retiro?

Los retiros son oportunidades magníficas para «alejarnos» de nuestras rutinas y un poderoso medio para progresar en nuestra relación con Jesús. Una importante pregunta que nos debemos hacer en cada retiro es qué ajustes Dios querría que se produjeran en nuestra vida. Por ejemplo: ¿de qué manera necesito ajustar mis ritmos con Dios? ¿A qué me está invitando él en esta nueva temporada? El fruto de los retiros se debe manifestar en nuestras prácticas de todos los días.

Considero que la práctica diaria del silencio y la quietud ante Dios es algo necesario para todos nosotros. ¿Por qué? Porque nuestra meta consiste en cultivar todos los días nuestra relación personal con él —estar con Dios— sometiendo nuestra voluntad a la suya, nuestra presencia a su presencia, y nuestras acciones a sus acciones. Por esta razón, el silencio y la quietud ante Dios son una práctica fundamental por medio de la cual en realidad nos estamos colocando ante Dios para que él pueda llevar a cabo en nosotros su obra transformadora.

Apéndice D: Completas:
La Oración antes de dormir

Completas, una oración de confianza antes de dormir, es una forma maravillosa de terminar el día con Dios. Para personas como tú y yo, que vivimos fuera de una comunidad monástica, es el último de los cuatro Oficios diarios que se acostumbra a observar durante los siguientes momentos:

Oración de la mañana: 6:00 a.m. — 9:00 a.m.
Oración de la tarde: 11:00 a.m. — 2:00 p.m.
Oración de la noche: 5:00 p.m. — 8:00 p.m.
Completas: inmediatamente antes de ir a dormir

Aunque de vez en cuando me pierdo una o más de ellas en un día, sobre todo la oración de la noche, la estructura y la flexibilidad de estos marcos de tiempo han transformado mi vida espiritual desde que comencé a observar los Oficios en el año 2003. Por ejemplo, mi oración de la mañana tiende a ser mucho más larga que la de la tarde o la noche, pero el recuerdo de que debo hacer una pausa, aunque solo sea por unos pocos minutos, me ayuda a recordar a Dios como la fuente, el centro y la meta de mi vida.

Completas se observa inmediatamente antes de dormir, y se supone que sea breve. Puedes leer una parte de un salmo (como los salmos 31, 91, 131 o 134), hacer el Examen (revisar el día con Dios) u orar con el Padrenuestro. Con frecuencia uso esta sencilla oración que aparece en el Libro de oración común: «El Señor nos conceda a mí y a aquellos a quienes amo una noche pacífica y un fin perfecto». Cuando Geri y yo oramos así los dos juntos, insertamos los nombres de todas nuestras hijas, de nuestro yerno y de nuestro nieto después de las palabras «a aquellos a quienes amamos».

La belleza particular que más aprecio con respecto a Completas es la forma en que le pone punto final a mi día con Dios. Comienzo con la oración de la mañana y termino con Completas. Cuando cierro los ojos para dormir, le estoy entregando a Dios todo el trabajo del día que no se ha terminado y confiándole mi vida. Recuerdo lo frágil que es la vida y lo dependiente de él que soy. Cuando cierro los ojos para dormir, estoy profundamente consciente de que me podría despertar para verlo cara a cara, porque ya me ha llamado al hogar. De lo contrario, a la mañana siguiente me despertaré para servirle durante otro día más en la tierra.

Notas

Introducción

1. Para más información sobre el Oficio Diario, ver capítulo 6 en Peter Scazzero, *Espiritualidad emocionalmente sana* (Nashville: Vida, 2015).
2. Timothy Fry, ed., *RB 1980: The Rule of St. Benedict in English* (Collegeville: Liturgical Press, 1981), p. 65.
3. Para una explicación completa sobre una unción llena de amor, ver capítulo 4 en Peter Scazzero, *El líder emocionalmente sano* (Nashville: Vida, 2016).
4. Para obtener recursos adicionales, como videos, una tarjeta billetera descargable, y testimonios de quienes se han beneficiado de practicar el Oficio Diario, visita www.emocionalmentesano.org.

Primera semana: El problema de la espiritualidad emocionalmente enferma

5. Citado por Esther De Waal, *Lost in Wonder: Rediscovering the Spiritual Art of Attentiveness* (Collegeville: Liturgical Press, 2003), p. 19.
6. La Madre Teresa, *A Simple Path* (Nueva York: Ballantine Books, 1995), pp. 7-8 [*Camino de sencillez* (Barcelona: Planeta, 1999)].
7. Eugene H. Peterson, *Under the Unpredictable Plant: An Exploration in Vocational Holiness* (Grand Rapids: Eerdmans, 1992), pp. 15-16.
8. Thomas Merton, *The Wisdom of the Desert: Sayings from the Desert Fathers of the Fourth Century* (Boston: Shambhala, 1960, 2004), pp. 1-2, 25-26.
9. R. Paul Stephens, *Down-to-Earth Spirituality: Encountering God in the Ordinary, Boring Stuff of Life* (Downers Grove: InterVarsity, 2003), p. 12.
10. Leighton Ford, *The Attentive Life: Discovering God's Presence in All Thins* (Downers Grove: InterVarsity, 2008), pp. 138-39, 173.
11. Scazzero, *Espiritualidad emocionalmente sana*, pp. 48-50.
12. Dan Allender y Tremper Longman III, *The Cry of the Soul* (Dallas: Word, 1994), pp. 24-25 [*El grito del alma* (Fort Washington, PA: Christian Literature Crusade, 2004)].
13. Eugene Peterson, *The Contemplative Pastor: Returning to the Art of Spiritual Direction* (Grand Rapids: Eerdmans, 1989), pp. 18-19.
14. Scazzero, *Espiritualidad emocionalmente sana*, p. 35.

Segunda semana: Conócete a ti mismo para que puedas conocer a Dios

15. Scazzero, *Espiritualidad emocionalmente sana*, pp. 83-84.
16. Thomas Merton, *New Seeds of Contemplation* (Nueva York: New Directions, 1987), p. 35 [*Nuevas semillas de contemplación* (Bilbao: Editorial Sal Terrae, 1993)].
17. Parker J. Palmer, *Let Your Life Speak: Listening to the Voice of Vocation* (San Francisco: Jossey-Bass, 2000), pp. 10–11.
18. Gillian R. Evans, trad. al inglés, *Bernard of Clairvaux: Selected Works, Classics of Western Spirituality* (Mahwah: Paulist Press, 1987), pp. 47–94.
19. Richard J. Foster, *Streams of Living Water: Essential Practices from the Six Great Traditions of Christian Faith* (Nueva York: HarperCollins, 1998), pp. 25-32 [*Ríos de agua viva* (Buenos Aires: Peniel, 2010)].
20. Henri Nouwen, *The Way of the Heart* (Nueva York: Ballantine Books, 1981), p. [*El lenguaje del corazón* (Buenos Aires: Bonum, 2005)].
21. *Ibíd.*, pp. 25-28.
22. Palmer, *Let Your Life Speak*, pp. 48-49.
23. Frederica Mathewes-Green, *First Fruits of prayer: A Forty-Day Journey through the Canon of St. Andrew* (Brewster: autopublicado, 2006), pp. xii-xiii.
24. M. Scott Peck, *A World Waiting to Be Born: Civility Rediscovered* (Nueva York: Bantam Books, 1993), pp. 112-13 [*Un mundo por nacer* (Buenos Aires: Emecé, 2001)].
25. Anthony de Mello, *The Song of the Bird* (Nueva York: Doubleday, 1982), 96 [*El canto del pájaro* (Bilbao: Editorial Sal Terrae, 2010)].

Tercera semana: Retroceder para poder avanzar

26. Scazzero, *Espiritualidad emocionalmente sana*, p. 114.
27. Lori Gordon con Jon Frandsen, *Passage to Intimacy* (Publicación de los autores: Versión revisada del año 2000), pp. 157-58.
28. Thomas Keating, *Intimacy with God: An Introduction to Centering Prayer* (Nueva York: Crossroads, 1996), pp. 82-84 [*Intimidad con Dios* (Bilbao: Desclée de Brouwer, 2004)].
29. John Michael Talbot con Steve Rabey, *The Lessons of Saint Francis: How to Bring Simplicity and Spirituality into Your Daily Life* (Nueva York: Penguin Books, 1998), pp. 246-247.
30. Scazzero, *Espiritualidad emocionalmente sana*, pp. 116-20.
31. *Ibíd.*
32. Citado por Os Guinness, *The Call: Finding and Fulfilling the Central Purpose of Your Life* (Nashville: Word, 1998), p. 52.
33. Chaim Potok, *The Chosen* (Nueva York: Ballantine, 1967), pp. 284-285 [*Los elegidos* (Madrid: Editorial Encuentro, 2012)].
34. Parker J. Palmer, introducción a *Leading from Within: Poetry That Sustains the Courage to Lead*, por Sam M. Intrator y Megan Scribner (San Francisco: Jossey-Bass, 2007), pp. xxix-xxx.

35. Citado por Ronald W. Richardson, *Family Ties That Bind: A Self-Help Guide to Change through Family of Origin Therapy* (Bellingham: Self-Counsel Press, 1995), p. 35.

Cuarta semana: El viaje a través del muro

36. Michael Harter, S. J., ed., *Hearts on Fire: Praying with Jesuits* (Chicago: Loyola Press, 1993, 2005), pp. 102-103.
37. Brian Kolodiejchuk, M.C., ed., *Mother Teresa: Come Be My Light: The Private Writings of the Saint of Calcutta* (Nueva York: Doubleday, 2007), pp. 187, 211, 225 [*Ven, sé mi luz* (Barcelona: Planeta, 2008)].
38. *Ibíd.*, p. 215.
39. Scazzero, *Espiritualidad emocionalmente sana*, pp. 126-27.
40. Thomas Merton, *The Ascent to Truth* (Nueva York: Harcourt Brace and Co., 1951), pp. 188–189 [*Acenso a la verdad* (Buenos Aires: Lumen, 2008)].
41. Wayne Muller, *Sabbath: Finding Rest, Renewal, and Delight in Our Busy Lives* (Nueva York: Bantam, 1999), pp. 187–88.
42. Richard Rohr con Joseph Martos, *From Wild Man to Wise Man: Reflections on Male Spirituality* (Cincinnati: St. Anthony Messenger Press, 1990, 1996, 2005), p. 2 [*De hombre salvaje a hombre sabio* (St. Louis, MO: Libros Liguori, 2011)].
43. Peter Scazzero, *Una iglesia emocionalmente sana* (Miami: Vida, 2013), p. 181.
44. Henri Nouwen, *In the Name of Jesus: Reflections on Christian Leadership* (Nueva York: Crossroads Publishing, 1991), pp. 62-64.
45. Oswald Chambers, *My Utmost for His Highest*, ed. James Reimann (Grand Rapids: RBC Ministries, 1935, 1992), devoción para el 29 de julio [*En pos de lo supremo* (Fort Washington, PA: Christian Literature Crusade, 2004)].

Quinta semana: Agranda tu alma a través del dolor y la pérdida

46. Nicholas Wolterstorff, *Lament for a Son* (Grand Rapids: Eerdmans, 1987), p. 81.
47. Scazzero, *Espiritualidad emocionalmente sana*, p. 140.
48. Gerald L. Sittser, *A Grace Disguised: How the Soul Grows through Loss* (Grand Rapids: Zondervan, 1995), pp. 39, 44, 61 (cf. p. 37).
49. Joni Eareckson Tada y Steven Estes, *When God Weeps: Why Our Sufferings Matter to the Almighty* (Grand Rapids: Zondervan, 1997), pp. 135-36 [*Cuando Dios llora* (Miami: Vida, 2000)].
50. http://www.atthewell.com/itiswell/index.php.
51. Parker Palmer, *Let Your Life Speak: Listening for the Voice of Vocation* (San Francisco: Jossey-Bass, 2000), pp. 98-99.
52. Scazzero, *Espiritualidad emocionalmente sana*, pp. 152-53.
53. Eugene Peterson, *Leap Over a Wall: Earthly Spirituality for Everyday Christians* (Nueva York: HarperCollins, 1997), pp. 120-121.

54. Ken Gire, *The Weathering Grace of God: The Beauty God Brings from Life's Upheavals* (Ann Arbor: Vine Books: Servant Publications, 2001), pp. 96-98.
55. Scazzero, *Una iglesia emocionalmente sana*, pp. 165-66.
56. Scazzero, *Espiritualidad emocionalmente sana*, pp. 155-56.

Sexta semana: Descubre los ritmos del Oficio Diario y el Sabbat

57. Thomas Merton, *New Seeds of Contemplation*, pp. 14-15.
58. Scazzero, *Espiritualidad emocionalmente sana*, pp. 159, 160.
59. *Ibíd.*, p. 161.
60. Thomas Merton, *Confessions of a Guilty Bystander* (Nueva York: Doubleday, 1966), p. p. 86 [*Conjeturas de un espectador culpable* (Bilbao: Editorial Sal Terrae, 2011)].
61. Thomas Merton, *Contemplative prayer* (Nueva York: Doubleday, Image Books, 1996), pp. 29–30 [*La oración contemplativa* (Madrid: PPC, 2005)].
62. Wayne Muller, *Sabbath: Finding Rest, Renewal, and Delight in Our Busy Lives* (Nueva York: Bantam Books, 1999), pp. 69.
63. *Ibíd.*, pp. 82-85.
64. Norman Wirzba, *Living the Sabbath: Discovering the Rhythm of Rest and Delight* (Grand Rapids: Brazos, 2006), pp. 22-24.
65. Lynne M. Baab, *Sabbath Keeping: Finding Freedom in the Rhythms of Rest* (Downers Grove: InterVarsity, 2005), pp. 17-19.
66. Eugene H. Peterson, *Working the Angles: The Shape of Pastoral Integrity* (Grand Rapids: Eerdmans, 1987), p. 49.

Séptima semana: Crece como un adulto emocionalmente maduro

67. Scazzero, *Espiritualidad emocionalmente sana*, p. 198.
68. *Ibíd.*, pp. 184-185.
69. Henri Nouwen, *Return of the Prodigal Son: A Meditation on Fathers, Brothers, and Sons* (Nueva York: Doubleday, 1992), p. 17 [*El regreso del hijo pródigo* (Madrid: PPC, 1997)].
70. David G. Benner, *Sacred Companions: The Gift of Spiritual Friendship and Direction* (Downers Grove: InterVarsity, 2002), p. 47.
71. Michael Collopy, *Works of Love Are Works of Peace: Mother Teresa of Calcutta and the Missionaries of Charity* (San Francisco: Ignatius, 1996), p. 35.
72. Scazzero, *Espiritualidad emocionalmente sana*, pp. 186-87. También recomiendo la obra de Malcolm Muggeridge llamada *Something Beautiful for God* (Nueva York: Harper & Row, Image Edition, 1971), p. 119.
73. Anthony de Mello, *The Way to Love: The Last Meditations of Anthony De Mello* (Nueva York: Doubleday, Image Books, 1995), pp. 131-32.
74. Henri Nouwen, *In the Name of Jesus*, pp. 59-60.
75. Citado por Rowan Williams, *Where God Happens: Discovering Christ in One Another* (Boston: Shambhala, 2005), p. 14.

76. Para un estudio amplio, lee Scazzero, *Emotionally Healthy Spirituality*, pp. 184-193.

77. Scazzero, *Espiritualidad emocionalmente sana*, pp. 203-204.

Octava semana: Sigue al próximo paso para desarrollar una «regla de vida»

78. Benedicta Ward, *The Sayings of the Desert Fathers* (Kalamazoo: Cistercian, 1975), p. 3.

79. Thomas Merton, *Wisdom of the Desert*, p. 122.

80. *Ibíd.*, p. 44.

81. Dallas Willard, *Spirit of the Disciplines: Understanding How God Changes Lives* (San Francisco: Harper & Row, 1988), pp. ix, 8 [*El espíritu de las disciplinas* (Miami: Vida, 2010)].

82. Citado por Robert Louis Wilken, *The Spirit of Early Christian Thought: Seeking the Face of God* (New Haven: Yale University Press, 2003), p. 302.

83. Judy Brown, «Fire». Fácilmente disponible en la Internet; lee, por ejemplo, www.judysorumbrown.com/blog/breathing-space. Usado con autorización.

84. Citado por Esther De Waal, *Lost in Wonder: Rediscovering the Spiritual Art of Attentiveness* (Collegeville: Liturgical Press, 2003), p. 21.

85. Timothy Fry, *Rule of St. Benedict* 1980, pp. 15, 18-19.

86. Dale T. Irvin y Scott W. Sunquist, *History of the World Christian Movement: Volume 1: Earliest Christianity to 1453* (Maryknoll: Orbis Books, 2001), pp. 236-37.

87. Adaptada de la versión de la famosa oración de Patricio que se encuentra en www.ewtn.com/Devocionals/prayers/patrick.htm

88. Mark E. Thibodeaux, *Armchair Mystic: Easing into Contemplative Prayer* (Cincinnati: St. Anthony's Press, 2001), capítulo 2.

89. Carlo Carretto, *Letters from the Desert, anniversary edition* (Maryknoll: Orbis Books, 1972, 2002), pp. 108, 100, 123 [*Cartas del desierto* (Madrid: Editorial San Pablo, 2013)].

Apéndice B: Una guía para orar con el Padrenuestro

90. Estas directrices están adoptadas de Daniel Wolpert, *Leading a Life with God: The Practice of Spiritual Leadership*, 2006. Par más recursos sobre la oración del aliento, ver Richard Foster, *Prayer: Finding the Heart's True Home* (Nueva York: Harper Collins, 1992) y Marykate Morse, *A Guidebook to Prayer: 24 Ways to Walk with God* (Downers Grove: InterVarsity, 2013). Para una perspectiva ortodoxa, ver, «Jesus Prayer: Breathing Exercises», Bishop Kallistos-Ware, orthodoxprayer.org.

Apéndice C: Las diez preguntas más frecuentes sobre el silencio

91. Ver, por ejemplo: Andrew Newberg y Mark Robert Waldman, *How God Changes Your Brain* (Nueva York: Ballantine, 2009), y La Clínica Mayo, «Meditation: A simple, fast way to reduce stress», http://www.mayoclinic.com/health/meditation/HQ01070.

Ayudamos a los líderes de iglesias a formar discípulos maduros

Lleva a tu gente de un cristianismo superficial
a la profundidad en Cristo.

Desarrollado en los últimos 21 años, el *Curso Discipulado emocionalmente sano* es una estrategia probada para el discipulado que cambia vidas no solo superficial, sino también profundamente. Las personas en tu iglesia comenzarán a resolver conflictos y a crecer en unidad. Serás capaz de identificar y desarrollar a tus futuros líderes. Y, por último, tu iglesia tendrá un mayor impacto en el mundo para Cristo.

ESPIRITUALIDAD EMOCIONALMENTE SANA

Iniciar a la gente en una espiritualidad transformadora con Dios.

RELACIONES EMOCIONALMENTE SANAS

Habilidades prácticas para llevar a la gente a una espiritualidad transformadora con otros.

¡Es tiempo de empezar!
Aquí están tus 3 pasos:

1

1 ADQUIERE EL CURSO
Incluye todo lo que necesitas para dirigir el curso
Curso Espiritualidad emocionalmente sana (EES)
Espiritualidad emocionalmente sana (9780829765649)
Espiritualidad emocionalmente sana Guía de estudio (9780829763638)
Espiritualidad emocionalmente sana Día a Día (9780829763676)
Espiritualidad emocionalmente sana DVD (9780829763645)
Curso Relaciones emocionalmente sanas (RES)
Relaciones emocionalmente sanas Día a Día (9780829769449)
Relaciones emocionalmente sanas Guía de estudio (9781400213108)
Relaciones emocionalmente sanas DVD (9780829763645)

2

2 CAPACÍTATE
Toma la capitación en línea y descubre cómo dar el curso
www.emocionalmentesano.org

3

3 DIRIGE EL CURSO
Dirige un grupo piloto a través de ambos cursos.

 Vida

Bóveda de recursos del líder

Accede a un tesoro de contenido exclusivo diseñado para equiparte para dirigir el *Curso Discipulado emocionalmente sano* efectivamente en tu iglesia o ministerio.

En la bóveda de recursos del líder, tú y tu equipo recibirán:

- Cronogramas de planificación
- Horarios de sesiones
- Videos y recursos de capacitación
- Presentaciones
- Certificados de finalización para los participantes
- Las 25 preguntas más frecuentes que suelen hacerse
- Mercadeo y gráficos promocionales

Recursos exclusivos:

- Anunciar tu ministerio públicamente en un mapa nacional
- Acceso a sesiones en línea y de Preguntas y Respuestas con el autor Pete Scazzero
- Contactos con otros líderes en un grupo privado de Discipulado emocionalmente sano en un grupo de Facebook

¡Disfruta cada vez más Día a Día!

Relaciones emocionalmente sanas Día a Día, tal como su hermano devocional, *Espiritualidad emocionalmente sana Día a Día*, es tu invitación a la disciplina antigua y poderosa del Oficio Diario, la práctica de hacer una pausa en la mañana y en la tarde para reflexionar sobre la obra de Dios en tu vida.

Cada uno de los cuarenta devocionales reflexionan sobre temas relacionales emocionalmente sanos, tales como aclarar las expectativas, escuchar profundamente y pelear limpio. Serás introducido a una práctica transformadora que profundizará tu caminar diario con Jesús, y en el camino, descubrirás el alimento espiritual, la alegría y la paz que se producen cuando nos reunimos con él todos los días.

RELACIONES EMOCIONALMENTE SANAS DÍA A DÍA
Un peregrinar de cuarenta días con el Oficio Diario
9780829769449

Disponible ahora en tu tienda de libros favorita.

☑ LISTA DE CONTROL | CURSO **ESPIRITUALIDAD** EMOCIONALMENTE SANA

SESIÓN #	📖 LIBRO EES	📅 DÍA A DÍA	📝 GUÍA DE ESTUDIO	💿 DVD (o en vivo)
1. El problema de una espiritualidad emocionalmente enferma	☐ Leer el capítulo 1	☐ Leer en ambiente de oración la Introducción y la Semana 1	☐ Leer la introducción y llenar la sesión 1	☐ Ver la sesión 1
2. Conócete a ti mismo para que puedas conocer a Dios	☐ Leer el capítulo 2	☐ Leer en ambiente de oración la Semana 2	☐ Llenar la sesión 2	☐ Ver la sesión 2
3. Retroceder para poder avanzar	☐ Leer el capítulo 3	☐ Leer en ambiente de oración la Semana 3	☐ Llenar la sesión 3	☐ Ver la sesión 3
4. El viaje a través del muro	☐ Leer el capítulo 4	☐ Leer en ambiente de oración la Semana 4	☐ Llenar la sesión 4	☐ Ver la sesión 4
5. Agranda tu alma a través del dolor y la pérdida	☐ Leer el capítulo 5	☐ Leer en ambiente de oración la Semana 5	☐ Llenar la sesión 5	☐ Ver la sesión 5
6. Descubra los ritmos del Oficio Diario y el Sabbat	☐ Leer el capítulo 6	☐ Leer en ambiente de oración la Semana 6	☐ Llenar la sesión 6	☐ Ver la sesión 6
7. Crece como un adulto emocionalmente maduro	☐ Leer el capítulo 7	☐ Leer en ambiente de oración la Semana 7	☐ Llenar la sesión 7	☐ Ver la sesión 7
8. Sigue al próximo paso para desarrollar una «regla de vida»	☐ Leer el capítulo 8	☐ Leer en ambiente de oración la Semana 8	☐ Llenar la sesión 8	☐ Ver la sesión 8

Te felicitamos por haber terminado el **Curso Espiritualidad emocionalmente sana (ESS)**,

la primera mitad de los Cursos de discipulado ES.

Para más información, visita *www.emocionalmentesano.org* donde recibirás tu **Certificado de Finalización.**